LES MÉMOIRES
DU
DIABLE

PAR

Frédéric Soulié.

II

QUATRIÈME ÉDITION.

PARIS,
AMBROISE DUPONT, ÉDITEUR
DE LA BIBLIOTHÈQUE DE ROMANS MODERNES,
7, RUE VIVIENNE.

1858.

LES MÉMOIRES
DU DIABLE.

II.

IMPRIMERIE D'AD. ÉVERAT ET Cie,
Rue du Cadran, 16.

LES MÉMOIRES
DU DIABLE

PAR

Frédéric Soulié.

II.

QUATRIÈME ÉDITION.

PARIS,
AMBROISE DUPONT, ÉDITEUR,
DE LA BIBLIOTHÈQUE DES ROMANS MODERNES,
7, RUE VIVIENNE.
—
1858.

NOUVEAU MARCHÉ.

I.

Quand Luizzi revint de son évanouissement, il se trouva couché dans la chambre qu'il occupait chez M. Buré; une lampe veillait près de lui, un domestique était assis au chevet de son lit.

Le malade fut longtemps avant de rassembler assez précisément ses souvenirs pour s'expliquer la position où il se trouvait. Peu à peu son accident et les causes de cet accident lui revinrent en mémoire, ou plutôt se représentèrent à lui comme un rêve affreux qu'il avait subi, et dont la réalité ne ressortait pas encore bien nettement à son esprit. Il se leva sur son séant pour regarder autour de lui; il sentit que la force lui manquait. Peu à peu il découvrit aux bandages qui entouraient ses bras qu'il avait été saigné, et, en se rappelant confusément la hauteur de la fenêtre par laquelle il s'était précipité, il s'étonna de ne pas s'être tué, et craignit de s'être brisé quelque membre. Il se tâta, se remua, fit jouer les articulations, et vit avec une certaine joie qu'il n'avait souffert aucune fracture.

Après ce soin donné à lui-même, Luizzi revint à penser à l'horrible scène dont il avait été témoin et dont il avait voulu prévenir l'épouvantable dénouement. Cloué dans son lit par la douleur et la faiblesse, il chercha à voir quelque chose dont il pût s'aider ou quelqu'un à qui il pût s'informer, et donner au besoin des ordres. Ce fut alors qu'il aperçut le domestique assis au chevet du lit.

Le drôle s'occupait très à son aise du soin qu'on lui avait sans doute confié de veiller sur les moindres mouvements du malade, car il lisait fort attentivement un journal, tout en se grignotant les ongles qu'il avait d'une beauté remarquable. Luizzi eut tout le temps de l'examiner, et ne le reconnut pour aucun des domestiques de la maison de M. Buré. L'air impertinent et insoucieux du faquin lui déplut souverainement. D'ailleurs, les malades sont comme les femmes, ils détestent qu'on s'occupe d'autre chose que d'eux. L'humeur de Luizzi monta au plus haut degré quand ledit valet, qui lisait son journal avec un petit sourire *blagueur* sur le bout des lèvres, à travers lequel il faisait glisser un petit sifflottement, se mit à murmurer ce mot :

— Très-drôle ! très-drôle !

— Il paraît que ce que vous lisez là est fort amusant ? dit Luizzi avec colère.

Le valet regarda Luizzi de côté en clignant les yeux, et répondit :

— Jugez-en vous-même, monsieur le baron.

« Hier un duel a eu lieu, un duel entre M. Dilois, marchand de laines, et le jeune Charles, son commis. Celui-ci, atteint d'une balle dans la poitrine, a succombé ce matin. On se demandait quelles pouvaient être les causes de ce duel, lorsque le départ subit de madame Dilois est venu les expliquer à tout le monde. »

— Grand Dieu! s'écria Luizzi, en se levant sur son séant, Charles tué!!

Le domestique continua sa lecture.

« On prétend que les propos de la femme d'un de nos plus riches notaires, ne sont pas étrangers à la découverte que M. Dilois a faite des rapports intimes que sa femme entretenait avec le jeune Charles. »

— Quoi! c'est écrit dans ce journal! s'écria Luizzi stupéfait.

— Oh! ce n'est pas tout, répondit le domestique, écoutez :

« Dix heures du soir. Nous apprenons un accident peut-être encore plus affreux. Madame la marquise du Val vient de mettre fin à ses jours en se précipitant de l'étage le plus élevé de son hôtel. Une circonstance extraordinaire de ce suicide, et qui semble se rattacher par des liens inexplicables à l'affaire de M. Dilois, résulte d'un billet trouvé dans la main de la marquise. Voici les quelques lignes de ce billet : « Cet A..... » est un infâme, il n'a pas tenu la promesse » qu'il t'avait faite, et a parlé. Il m'a perdue, » moi.... Eh toi ! toi !... Pauvre Lucy, que je » te plains ! Signé SOPHIE DILOIS. » Chacun se demande quel est l'infâme désigné par l'initiale A..... Est-ce celle d'un nom de baptême ou d'un nom de famille. D'un autre côté, on s'étonne de ce tutoiement entre deux femmes qui n'étaient pas du même monde, et qui n'avaient pu même se connaître dans leur enfance comme camarades de pension, puisque la marquise n'avait jamais quitté sa mère (l'ancienne comtesse de Cremancé), jusqu'au jour de son mariage, et que d'un autre côté madame Dilois a été élevée par la charité d'une vieille femme qui l'avait recueillie dès son plus bas âge. »

La stupéfaction de Luizzi, son désespoir le rendirent immobile et muet durant quelques minutes. Madame Dilois, Lucy, Henriette, madame Buré, toutes ces femmes, pareilles à des fantômes blancs, semblaient voler et tourner autour de son lit.

— J'ai tué celle-ci et j'ai laissé assassiner celle-là, se disait-il, comme si une voix surhumaine lui eût soufflé cette phrase qu'il se répétait sans cesse.

Il portait des regards épouvantés autour de lui, sans force pour agir, n'ayant personne au monde à qui confier ce qu'il avait appris; il se sentit désespéré et tournant vers le ciel ses mains jointes, il s'écria :

— Oh! mon Dieu! mon Dieu! que faire?

A peine avait-il prononcé ce peu de mots qu'il reçut sur les doigts une chiquenaude vigoureuse de la main du valet qui veillait près de lui.

— Qu'est-ce que c'est que ça? lui dit-il, vous passez à l'ennemi au jour de danger, mon seigneur; ce n'est ni d'un gentilhomme ni d'un Français.

— Ah! c'est toi, Satan.

— C'est moi.

— Qui t'a appelé, esclave?

— Toi, qui m'as demandé l'histoire de madame Dilois et celle de la marquise.

— Tu as refusé de me la conter.

— Non, mais je t'ai remis à huit jours, les huit jours sont passés.

— Ainsi, je suis dans ce lit...

— Depuis quarante-huit heures.

— Et Henriette?

— Plus tard, mon maître, plus tard tu sauras le dénoûment de cette histoire.

— Félix a tué la malheureuse?

— S'il l'a fait, il a eu raison pour elle et pour lui, tous deux sont délivrés d'un supplice; elle surtout qui commençait à se lasser dans le cœur du rôle qu'elle jouait encore par orgueil.

— Peux-tu dire cela? elle aimait ce Léon d'un amour que le monde ignorera toujours.

— Hé non! mon maître, elle n'aimait plus Léon, et à vrai dire ce n'est pas précisément ce Léon qu'elle avait aimé.

— Satan, Satan, tu flétris tout !

— Non, j'explique tout : Henriette n'aimait pas Léon, elle a aimé l'amour qu'elle éprouvait. Ce jeune homme qu'elle a rencontré est venu à point pour ouvrir son cœur et donner un but à ses rêves; il s'est trouvé là, devant elle, au moment où son âme demandait à s'enlacer à quelque chose qui la soutînt : mais Léon était bien au-dessous de la passion qu'il a fait naître; s'il l'eût connue il ne l'eût pas comprise. Léon a oublié Henriette qu'il croit morte, Léon est marié, Léon a des enfants, qu'il appelle Nini et Lolo, Léon engraisse, Léon a du ventre, Léon boit deux petits verres d'eau-de-vie après son dîner, Léon vient d'assurer sa fortune en faisant faillite; si Henriette avait été libre de donner sa vie à Léon, elle eût été plus malheureuse que dans la tombe, car dans la tombe elle n'a vu mourir que les espérances d'un bonheur qu'elle croyait du ciel, et dans la vie elle eût vu s'éteindre la religion de son cœur, et sa foi dans l'amour.

Satan prononça ces paroles avec une sorte

d'amertume, et Luizzi, le contemplant avec attention comme si son regard eût pu pénétrer dans l'infernale pensée du démon ; lui dit :

— Tu considères donc comme un malheur de perdre sa foi et sa religion ?

— C'eût été un malheur pour Henriette, voilà tout ce que j'ai voulu dire ; car je méprise fort les théories générales avec lesquelles on pose des principes absolus qui ne vont pas plus à tout le monde que le même habit à toute une population. C'est comme si tu voulais juger de madame du Val par madame Buré, parce que toutes deux se sont données à un homme en quelques heures.

— Oh ! reprit Luizzi, est-il vrai que Lucy soit morte, et cet article du journal...

— Tout cela est vrai.

— Et je l'ai assassinée !

— L'arme était chargée, tu as tiré la détente.

— Elle était donc bien à plaindre ?

— Oh ! oui, celle-là, a été bien à plaindre !., s'écria Satan, et tu vas en juger.

— Pas ce soir, reprit Luizzi, pas ce soir, plus tard.

— Non baron, tu m'entendras, je t'ai prévenu ; une fois que tu auras demandé une confidence, t'ai-je dit, il faudra la subir jusqu'au bout.

— Je le sais, mais je puis m'exempter de cette obligation.

— En me donnant quelques-unes de ces pièces renfermées dans cette bourse.

— Un mois de ma vie?

— Non, non, oh! ce n'est pas pour si peu de chose que je t'épargnerai le récit du mal que tu as fait.

— Tu vois bien que je n'ai pas la force de t'entendre.

— Je te la donnerai.

— Je cacherai ma tête dans mes mains, et je boucherai mes oreilles.

— Ma voix percera tes mains.

— Saton, tais-toi, je t'en supplie, je ne refuse pas d'écouter ces lamentables histoires, mais plus tard.

— Et que m'importe de te les apprendre quand le temps aura durci ton cœur et cicatrisé ton remords : c'est pendant que l'un souffre et que l'autre saigne qu'il faut que tu les apprennes. Suis-je donc ton esclave pour t'obéir? ne sais-tu donc pas, malheureux, que celui qui achète un assassin lui est vendu? toi qui as acheté le Diable, tu m'appartiens.

Et en disant cela, Satan, dont la forme perdue dans l'ombre de cette chambre avait repris quelque chose de son infernale majesté, Satan souriait de ce bel et effrayant sourire qui fait pitié à Dieu, tant il lui rappelle la grandeur de son bel ange chéri qu'il a été obligé de punir, et qui lui a laissé en son cœur divin une blessure éternelle, l'impossibilité de lui pardonner jamais.

La pauvre et misérable nature de Luizzi n'était pas capable de soutenir ce sourire; il lui entrait dans le cœur comme ferait une vis dentelée qui tourne et déchire.

— Grâce, dit-il, grâce, je t'entendrai quand tu voudras.

— Soit, et je choisirai l'instant. Et que me donneras-tu?

— Un mois de ma vie.

— Le Diable se prit à rire, et répliqua :

— Es-tu sûr d'avoir un mois de reste dans ta bourse, pour l'offrir si fièrement?

— Dieu, mon Dieu! s'écria Luizzi en cherchant le coffre-fort de sa vie sous son oreiller.

— Il le trouva, et il lui parut presque vide.

— Suis-je donc si près de mourir?

— L'avenir n'est pas compris dans notre marché et je n'ai rien à te répondre; il n'y a que le passé, et le passé je vais te le dire :

Il commença alors d'un ton dégagé :

— Cette madame du Val que tu as assassinée....

— Assez, assez! dit Luizzi d'une voix mourante.

Un horrible vertige tournait dans la tête de Luizzi; la fièvre battait dans son cerveau; des fantômes pâles et décharnés se pressaient autour de lui; sa raison s'en allait. Il eut encore plus peur de la folie que de la mort, et il dit au Diable :

— Tiens, prends, et laisse-moi.

Le Diable s'empara de la bourse et l'ouvrit; Luizzi, à cet aspect, s'élança pour la ressaisir ; mais il resta cloué à sa place, il vit les doigts du Diable se glisser dans la bourse et prendre une des pièces. A ce moment un froid de glace saisit Luizzi au cœur, toute vie s'arrêta en lui et il ne sentit plus rien.

Trois heures sonnaient :

LA VOITURE PUBLIQUE.

II.

Retour à la Vie.

Trois heures sonnaient ; Luizzi se sentit tirer par les jambes, et une rude voix d'homme lui cria :

— Allons, houp, en voiture.

Luizzi s'éveilla et se vit dans une chambre inconnue, une chambre misérable : il sauta à bas de son lit, et se trouva plein de vigueur et de santé. Il regarda et vit sa bourse et sa sonnette sur une table; mais où était-il? pourquoi l'éveillait-on? Il ouvrit la croisée. Dans une immense cour on attelait les chevaux d'une diligence. La nuit était froide. Le souvenir du passé lui revenait, et le souvenir de son marché avant tout. Armand reconnut qu'il n'était plus chez M. Buré, qu'il n'était plus à Toulouse. L'hiver durait encore; mais était-ce le même hiver et n'y en avait-il pas déjà beaucoup de passés.

Luizzi prit la misérable chandelle qu'on venait de lui apporter, et la première chose qu'il fit fut de se regarder dans le petit miroir suspendu par un clou au-dessus de la petite commode en noyer de la chambre où il se trouvait. Il n'était pas trop changé, si ce n'est qu'il portait des favoris. Combien de temps le Diable m'a-t-il pris, se dit Luizzi?

— Allons! en voiture, en voiture! cria la voix qui avait éveillé Luizzi.

Puis un homme entra.

— Comment! pas encore habillé, vous qui étiez si pressé de partir; vous n'avez plus que cinq minutes; tant pis pour vous si vous n'êtes pas prêt.

Luizzi s'habilla machinalement, avec l'instinct qu'il y avait dans sa vie une lacune dont il ne pouvait se rendre compte, mais dont il ne devait pas paraître étonné. Un domestique vint prendre le sac de nuit de Luizzi, et celui-ci le suivit en se promettant d'observer et d'agir en raison des circonstances. La nuit était parfaitement noire, et Luizzi, en montant dans la diligence, vit seulement qu'elle était occupée par trois personnes, deux hommes et une femme enveloppée de châles, bonnets et voiles, de manière à étouffer.

A l'époque dont nous parlons, on avait encore la fatale habitude de coucher en route, et il en était alors du sommeil comme aujourd'hui des repas. On était à peine attablé à son lit, qu'il fallait repartir. Aujourd'hui, l'habitué de la diligence se trouble peu des interruptions destinées à supprimer le dîner, il mange vite, et met le dessert dans ses poches; alors l'habitué de la diligence, savait se lever sans s'éveiller, et emportait, pour l'achever dans la berline, le sommeil commencé dans l'auberge. Cela fut heureux pour Luizzi, car il se trouva libre de réfléchir sur sa position.

Combien de temps avait-il vécu? comment se faisait-il que lui, riche et accoutumé aux choses confortable de la vie, se trouvât voyager en diligence? d'où venait-il? où allait-il? Toutes ces questions se pressaient tellement vite dans sa pensée, qu'il se décida à les faire résoudre par celui qui avait seul ce pouvoir. Il tira donc sa sonnette, la fit retentir, et tout aussitôt le Diable se trouva assis à côté de lui sous la forme d'un commis voyageur, qu'il lui semblait avoir vu monter sur l'impériale. Luizzi le reconnut à l'éclat particulier de ses yeux, qui brillaient dans les ténèbres.

— C'est toi, lui dit-il; combien de temps ai-je vécu?

— Tu as vécu six semaines. Tu vois que je ne t'ai pas volé. J'ai fait comme un habile homme d'affaires. A la première j'ai été loyal pour pouvoir te voler impudemment à la seconde. Je t'en préviens ; ainsi tiens-toi sur tes gardes.

— Et de quelle vie ai-je vécu durant ces six semaines ?

— De ta vie ordinaire.

— Qu'ai-je fait ?

— Je n'ai pas à te raconter ta propre histoire.

— Quoi il ne me restera nul souvenir de ce temps ?

— Tu peux l'apprendre par d'autres que par moi.

— A qui veux-tu donc que je le demande ?

— Ce n'est pas mon affaire.

— Dis-moi du moins où je suis ?

— Dans une voiture des messageries royales.

— Où vais-je ?

— A Paris.

— Où suis-je ?

— A une lieue de Cahors.

— Pourquoi suis-je parti en diligence ?

— Ceci est ton histoire, je n'ai rien à t'en dire.

— Mais enfin, je ne puis vivre avec cette ignorance de mon passé?

— Tu peux t'en faire un.

— Un passé?

— Rien n'est plus aisé! la plupart des hommes s'en arrangent un; tu sais cela mieux que personne. Te souviens-tu de cette petite actrice grivoise et fringante, dont tu fis la niaiserie de devenir sentimentalement amoureux. Tu as eu cent occasions d'être un de ses mille amants; tu les as toutes laissé passer parce que tu l'aimais du cœur. Une fois dégrisé de ce mauvais amour, tu as vu que l'opinion de tes amis t'avait donné cette femme, n'imaginant pas que ta niaiserie eût été si loin que de ne pas avoir été jusque-là. Tu t'es regardé, tu t'es trouvé ridicule, tu as vu que cette femme t'avait donné trois rendez-vous, et qu'elle t'avait appartenu de droit sinon de fait; et tu as laissé croire, puis tu as dit, et aujourd'hui tu es persuadé que tu as eu cette femme; elle compte dans le nombre de celles dont tu te pares, n'est-ce pas vrai ?

Luizzi fut assez piqué de cette petite leçon du Diable, d'autant plus qu'il n'y avait pas à discuter avec lui sur des sentiments où son œil infernal pénétrait si bien, et le baron se contenta de répondre :

— Est-ce que je ne l'aurais pas eue si je l'avais voulu ?

— Est-ce qu'on a la femme qu'on aime, repartit le Diable ; sur dix liaisons cela n'arrive pas une fois. Les femmes se laissent toujours prendre par les hommes qui les aiment assez peu pour ne pas trembler devant elles. Je ne connais pas deux femmes qui aient pris pour amant celui qui les aimait ; puis elles se plaignent qu'on les trompe. C'est toujours leur faute ; les femmes ont une tactique de défense criarde ou majestueuse, qui n'impose qu'à ceux qui croient en elles. Une femme qui, au lieu de se laisser prendre, oserait se donner, serait la femme la plus distinguée de la création, et la plus aimée aussi. Ce qui ne laisse pas d'être une assez belle distinction.

— Messire Diable, dit Luizzi, qui sentait en lui une assurance toute nouvelle; est-ce que parmi les raisons qui ont forcé le Tout-Puissant à vous précipiter dans l'enfer, votre manie de faire des théories n'a pas été une des premières?

— Entre nous soit dit, repartit le Diable, d'un ton assez bonhomme, il n'en a pas eu d'autres.

— Alors, j'ai bien envie de faire comme lui.

— Et pour la même raison sans doute?

— Oui, pour ton bavardage éternel.

— Hé non, parce que je ne dis pas ce qui te convient; si je te racontais les six semaines de vie que tu viens d'accomplir, tu m'écouterais de toutes tes deux oreilles.

— A ce propos, je ne saurai donc rien?

— Tu as donc bien peu d'imagination, pour ne pas t'inventer une vie passée. Mais le dernier manant est plus habile que toi. Dans le cabriolet de cette diligence, il y a un certain M. de Mérin : c'est un homme de bonne maison qui a été surpris à Berlin volant au jeu de la cour, et qui, pour ce fait, a été enfermé pendant trois ans dans une prison de l'état : il s'y trouvait avec un ancien espion français, qui avait été dans l'Inde pour le compte de Napoléon. Il a appris toutes les histoires de son camarade; il connaît, dans leurs moindres détails, l'aller, le séjour et le retour de son voyage dans l'Inde, et maintenant il va reparaître dans le monde parisien comme arrivant de Calcutta. En ce moment, il rumine un petit ouvrage en deux volumes in-8°, qui aura pour titre : *Souvenirs de l'Inde*. J'offre de te parier ce que tu voudras que, de ce moment à quinze ans, cet homme deviendra membre de l'Académie des siences (section de géographie), et qu'il sera décoré pour ses voyages.

— Je comprends très-bien, lui dit Luizzi; mais cet homme ne trouvera pas à tous moments quelqu'un revenant de Calcutta, pour lui dire qu'il en a menti, tandis que moi, je puis être mis à chaque instant en présence d'une personne qui me connaît?

— C'est ce qui t'arrive en ce moment.

— Comment? cela.

— Ces gens avec qui tu voyages savent ton nom, et ce gros homme, près de toi, est même de tes amis.

— Et sans doute ils vont me parler de ce que nous avons fait hier?

— C'est assez l'histoire de votre vie humaine : parler beaucoup du passé, pour en peupler le vide et en relever la nullité; parler beaucoup de l'avenir pour le supposer merveilleux, et ne s'occuper guère du présent : c'est ce que vous faites tous, c'est ce que vous appelez vivre; et la meilleure preuve que je t'en puisse donner, c'est que tu as vécu six semaines de la vie ordinaire et qu'il te semble que tu as été mort tout ce temps, parce que tu n'as pas souvenir de ce que tu as fait.

— Mais que veux-tu que je réponde à ceux qui m'en parleront? dit Luizzi sérieusement alarmé.

— En vérité, tu me fais pitié, reprit le Diable !

— Voyons, sois généreux, et s'il le faut, je te donnerai encore quelques jours de ma vie future pour connaître l'histoire de ma vie passée ?

— Pauvre sot ! dit Satan.

— De qui parles-tu ?

— De moi, qui n'ai pas calculé juste la portée de la sottise humaine, et qui m'aperçois, mon pauvre garçon, que si je l'avais bien voulu j'aurais eu ta vie pour rien.

Luizzi commençait à se dépiter ; il garda un moment le silence : le silence est un bon conseiller. Pardieu, se dit-il, si ces gens m'embarrassent avec ma vie que je ne connais pas, ne puis-je pas les embarrasser avec la leur qu'ils croient bien cachée ? Faisons vis-à-vis d'eux comme un homme intrépide vis-à-vis d'un spadassin ; au lieu de parer les coups, montrons-leur toujours le bout de l'épée prêt à les percer s'ils avancent. J'en sais assez déjà sur le monsieur de Mérin pour qu'il ait besoin de ma discrétion : informons-nous des autres, et nous verrons.

Luizzi n'avait pas dit cela tout haut ; cependant le Diable lui répondit :

— Assez bien raisonné pour un homme et pour un baron ; par qui veux-tu que je commence ?

— Par ce gros homme qui ronfle à côté de moi et que tu dis être de mes amis.

PORTRAITS.

III.

Le Farceur. — L'ex-Notaire.

Et le Diable, ayant posé ses jambes sur la banquette de devant, répondit :

Celui-ci s'appelle Ganguernet : c'est un de ces hommes comme chacun en a rencontré une fois dans sa vie, un de ces hommes petits, gros, rebondis, les cheveux droits et courts, le front bas, les yeux gris, le nez épanoui, les joues ventrues, le cou dans les épaules, les épaules dans l'estomac, l'estomac dans le ventre, le ventre sur les jambes, roulant, boulant, riant, criant ; un de ces hommes qui vous prennent la tête par derrière en vous disant : qui ça? — qui vous ôtent votre chaise au moment où vous allez vous asseoir, — qui vous tirent votre mouchoir quand vous allez vous moucher ; — un de ces hommes enfin, qui, lorsque vous les regardez alors d'un air courroucé, vous répondent avec un merveilleux aplomb : histoire de rire !!

Ce monsieur Ganguernet est de Pamiers, où, jusqu'à présent, il a toujours vécu. Il sait tous les tours de son métier de farceur. Il est fort habile à attacher un morceau de viande à la chaîne des sonnettes de porte cochère, afin que tous les chiens errants de la ville viennent sauter après ce morceau de viande, et éveillent les domestiques dix fois dans la nuit. Il est très-expert dans l'art de décrocher les enseignes, et de les substituer les unes aux autres. Une fois, il enleva l'enseigne d'un coiffeur, la scia, et en ajouta la dernière partie à celle d'un voisin ; il en résulta ceci : *M. Roblot loue des voitures et des faux tou-*

pets à l'instar de Paris. Un autre jour, ou plutôt une autre nuit, il arracha l'affiche peinte sur bois d'un entrepreneur de marionnettes, et la suspendit au-dessus d'une pharmacie, et tout Pamiers put lire le lendemain : *M. F....., apothicaire, théâtre de la foire.*

M. Ganguernet n'est pas moins aimable à la campagne qu'à la ville. Il sait comment on coupe adroitement les crins d'une brosse dans les draps d'un ami, de manière à ce qu'il devienne furieux de picotements, pour peu qu'il demeure un quart d'heure dans son lit. Il perce à merveille une cloison pour y faire passer une ficelle, qu'il a fort adroitement accrochée à votre couverture, puis, quand il vous sent dormir, il tire gentiment jusqu'à ce que la couverture soit toute ramassée au pied : l'on s'éveille transi, car Ganguernet choisit pour ce tour les nuits froides et humides ; l'on remonte sa couverture, l'on s'enveloppe soigneusement, l'on se rendort innocemment, puis Ganguernet retire gentiment sa ficelle, vous remet à nu, vous regèle, et quand on se laisse aller à jurer tout seul, il vous crie par un trou : histoire de rire!!

Si Ganguernet rencontre un niais, avec une de ces figures qui appellent la mystification, il lui enlève, pendant son sommeil, son pantalon et son habit, rétrécit le tout en le cousant lui-même ; puis il vient éveiller la victime, en l'invitant à s'habiller pour aller à la chasse. Le malheureux veut mettre son pantalon, et n'y peut plus entrer.

— Bon Dieu! s'écrie Ganguernet, qu'avez-vous donc, mon cher, vous êtes tout enflé?

— Moi?

— C'est prodigieux!

— Vous croyez?

— Je ne sais si je me trompe; mais habillez-vous : nous allons descendre, et chacun vous le dira comme moi.

— Mais, je ne puis pas m'habiller.

— C'est ça, vous êtes enflé... c'est une attaque d'hydropisie foudroyante.

Et cela dure tant que Ganguernet n'a pas dit son fameux mot : histoire de rire!

Au nombre de ses tours, il en est un qui me paraît abominable : il le fit une fois à un homme qui passait pour brave et qui éprouva une peur horrible.

Après s'être couché, ce monsieur sent au bout de son lit quelque chose de froid et de gluant ; il tâte avec son pied, c'est un corps rond allongé ; il y porte la main, c'est un serpent roulé sur lui-même ; il saute à terre en poussant un cri d'effroi et de dégoût, et Ganguernet paraît en s'écriant :

— Histoire de rire!... il a eu peur d'une peau d'anguille pleine de son mouillé.

Ce monsieur, furieux, voulait rompre les os à Ganguernet : Ganguernet lui jeta un immense pot d'eau sur la tête, et s'échappa en criant : histoire de rire!... Les maîtres de la maison, accourus au bruit qui se faisait, calmèrent le mystifié en lui expliquant comment Ganguernet était un charmant garçon, un vaillant boute-en-train dont on ne pouvait se passer sous peine de périr d'ennui, surtout à la campagne.

Prends garde à lui, baron, c'est un de ces

êtres insupportables qui passent dans l'existence des autres comme un chien dans un jeu de quilles, en renversant de leur patte tous les arrangements de votre joie, de votre tristesse. Plus insupportables que le chien, et plus difficiles à chasser, il sont aux aguets de tous les sentiments que vous pouvoir avoir, de tous les projets que vous pouvez faire pour les déconcerter par un mot ou une plaisanterie : ces êtres sont d'autant plus redoutables qu'ils vous exposent à rire de vos plus cruels ennemis et de vos meilleur amis, ce qui est également délicieux ; et que presque toujours ils vous rendent complices des mystifications faites aux autres, par le plaisir que vous y prenez. Il en résulte que lorsqu'ils s'adressent à vous, vous ne trouvez nulle part la pitié que vous n'avez eue pour personne, et qu'on vous laisse seul avec le ridicule de vous en fâcher, si toutefois il est possible de se fâcher.

Parmi les hommes de ce caractère, il y en a quelques-uns que leur vulgarité finit par déconsidérer : ceux-là s'en tiennent au répertoire des farces connues. Passer la tête par le carreau de papier d'un savetier, pour lui demander l'adresse du ministre des finances ou de l'archevêque; tendre une corde dans un escalier, de façon à faire faire à ceux qui descendent *un voyage sur le rein*. (c'est le mot propre); aller éveiller au milieu de la nuit un notaire pour l'envoyer faire un testament très-pressé chez un client qui se porte à merveille, et mille autres farces de cette espèce : c'est le fond du métier, et Ganguernet le sait mieux que personne.

Mais il en a inventé quelques-unes pour son compte, et celles-là lui ont fait une réputation colossale. La seule véritablement spirituelle qu'il ait faite eut lieu dans une maison de campagne où l'on était en assez grand nombre. Parmi les femmes qui s'y trouvaient, Ganguernet avait distingué une femme de trente ans, fort passionnée pour les élégances parisiennes, et qui préférait à la face empourprée de Ganguernet le pâle visage d'un beau jeune homme passablement niais. Ganguernet avait beau le mystifier aux yeux de la dame, celle-ci traduisait sa gaucherie en préoccupation poétique, sa crédulité en bonne foi respectable. Un certain soir, tout le monde se retire après une vive apologie du pâle jeune homme, soufferte par Ganguernet avec une patience de mauvais augure. Au bout d'une demi-heure, la maison retentit des cris aigus : Au feu! au feu! partis du salon du rez-de-chaussée. Chacun s'y précipite, hommes et femmes à moitié déshabillés ou à moitié réhabillés, comme tu voudras. On entre pêle-mêle, le bougeoir à la main, et l'on trouve Ganguernet étendu sur un fauteuil. Aux questions réitérées qu'on lui fait, il ne répond rien, mais il va prendre solennellement le pâle jeune homme par la main, et, le menant vers la belle dame, il lui dit gravement :

— Je vous présente le cœur le plus poétique de la société en bonnet de coton.

Tous éclatèrent de rire, et la dame ne l'a jamais pardonné à Ganguernet ni au bonnet de coton.

Cependant toutes les farces de cet homme n'ont pas eu pour but une vengeance; l'histoire de rire est le grand principe de ses tours. Avant d'arriver à l'anecdote qui te montrera cet homme sous son véritable aspect, je vais encore te raconter quelques-uns des traits dont il s'enorgueillit le plus. Il demeurait à Pamiers, en face de deux vénérables bourgeois qui occupent seuls une petite maison qui est leur propriété.

Les vénérables avaient l'habitude d'aller tous les dimanches dîner et faire une partie de piquet chez un de leurs parents, qui logeait à une assez grande distance; on y prenait quelque peu de punch ou bien on y mangeait du millas frit saupoudré de cassonade; on arrosait le tout de blanquette de Limoux, de façon que nos deux vénérables époux rentraient vers onze heures en chantonnant et en trébuchant.

Un certain fatal dimanche, ils revenaient cahin-caha chez eux : ils arrivent devant la porte du voisin et continuent encore l'espace de dix pas, juste la distance qui sépare leur porte de la porte qu'ils viennent de passer. Le mari cherche le passe-partout dans sa poche et le trouve; il cherche la serrure : plus de serrure.

— Où est la serrure? s'écria-t-il.

— Tu as trop bu de blanquette, monsieur

Larquet, lui dit sa femme (il s'appelait Larquet); tu cherches la serrure, et nous sommes encore devant le mur du voisin.

— C'est vrai, répondit M. Larquet, avançons encore quelques pas.

Ils continuent. Mais cette fois, ils ont été trop loin, car, après avoir reconnu la porte du voisin de droite, ils reconnaissent la porte du voisin de gauche : leur porte est entre ces deux portes. Ils retournent en tâtant le mur, ils arrivent à une autre porte : c'est la porte du voisin de droite. Les deux bonnes gens s'alarment sur l'état de leur raison, ils se croient tout à fait ivres; ils recommencent leur inspection, et de la porte du voisin de droite ils retombent sur la porte du voisin de gauche. Ils trouvent toujours ces deux portes, excepté la leur; leur porte a disparu, qui a pu enlever leur porte? L'effroi les gagne : ils se demandent s'ils deviennent fous; et craignant le ridicule jeté sur d'honnêtes bourgeois qui ne peuvent retrouver leur porte, ils vont durant une heure, tâtant, inspectant, mesurant; mais il n'y a pas de porte, il n'y a qu'un mur inconnu, un mur implacable, un mur désespérant. Alors la peur les prend tout à fait; ils poussent des cris, ils appellent au secours, et enfin on finit par reconnaître que la porte a été exactement murée et recrépie; et quand chacun s'informe qui a pu jouer ce tour à ces honnêtes bourgeois, Ganguernet, du haut de sa fenêtre, de laquelle il assistait avec quelques fous au spectacle de la désolation de monsieur et de madame Larquet, Ganguernet jette à la foule son infatigable refrain :

— Histoire de rire!!

— Mais ils en feront une maladie?

— Bah! répéta-t-il, histoire de rire !

On pria M. le procureur du roi de modérer l'envie de rire de Ganguernet; il en eut pour quelques jours de prison, malgré son habile défense qui consistait à répéter sans cesse :

— Histoire de rire! monsieur le président.

Malgré sa vanité, Ganguernet ne se fait pas gloire de tous ses tours, et il en est un qu'il a toujours nié, attendu qu'il y a menace de couper les oreilles à son auteur, si on parvient à le découvrir. Celui-ci lui avait été inspiré par le mépris qu'on avait fait de sa personne, dans certain salon aristocratique. Il ne s'agissait pas moins que d'une antique dame fort noble, et qui recevait le plus beau monde de la ville.

Entre autres habitudes de vieille race, elle avait conservé : 1° celle de ne point mélanger sa société d'hommes mal nés comme Ganguernet ; 2° d'aller en chaise à porteurs.

Elle était venue à un bal, chez le sous-préfet, bal auquel Ganguernet avait assisté. Elle en sort vers minuit, portée dans sa chaise et pendant une pluie battante. Au moment où elle arrivait sous une de ces gueules de loup qui versent les eaux du ciel dans la rue en longues cascades bruyantes, deux ou trois coups de sifflet partent à droite et à gauche, et quatre hommes se présentent.

Les porteurs se sauvent et abandonnent la chaise ; mais au moment où la noble dame se croit sur le point d'être assassinée, elle sent une horrible fraîcheur sur la tête. Le dessus de la chaise avait disparu comme par enchantement, et la gueule de loup versait des torrents de pluie dans l'intérieur de la chaise, dont la propriétaire essayait vainement d'ouvrir la portière. Elle se débat, monte sur le siége, et là comme le Diable encagé dans une chaire, elle se met à appeler la colère divine sur les assassins qui lui faisaient prendre une douche si cruelle, et qui ne répondaient à ses invectives que par les salutations les plus humbles.

Ce qui fut trouvé le plus infâme, c'est que la dame portait de la poudre, et que les mystificateurs avaient des parapluies.

A Pamiers, au milieu de toutes les existences mortes et brutes, parmi lesquelles il vit, Ganguernet passe depuis dix ans pour le plus jovial, le plus aimable, le plus amusant de son monde; à peine en est-il quelques-uns à qui il inspire une sorte de mépris, il en est même qui on peur de cet homme. Ce rire inamoviblement fixé sur ces lèvres rouges, vous fait mal à voir; cette gaieté implacable mêlée à toutes les choses de la vie, doit troubler, autant que peut le faire l'aspect incessant d'un hideux fantôme : ce mot rebutant qu'il jette comme moralité au bout de toutes ses actions ; ce mot : histoire de rire ! est souvent aussi sombre que le mot du trappiste : frère, il faut mourir ! Aussi il devait se trouver un malheur dans l'existence de cet homme ; il s'est nécessairement rencontré une vie qui a péri, parce qu'il a voulu la faire passer sous le fatal niveau de son amusement. Il a fallu qu'il arrivât un jour où ce serait sur une tombe qu'il prononcerait son fameux mot : Histoire de rire !

Il y a trois semaines, M. Ernest de B.... invita plusieurs amis à une grande partie de chasse ; Ganguernet était du nombre. Au moment où les invités arrivèrent, Ernest achevait une lettre ; il la cacheta et la posa sur la cheminée. Ganguernet, fort curieux, la prit et lut la suscription :

— Tiens, tu écris à ta belle-sœur, lui dit-il ?

— Oui, répondit Esnest, assez indifféremment ; je la préviens que nous irons ce soir, vers sept heures, à son château, lui demander à dîner. Nous sommes quinze, je crois ; et ce serait courir risque d'un bien mauvais dîner, si elle n'était avertie de bonne heure.

Ernest sonna un domestique, lui remit la lettre, et personne ne s'aperçut que Ganguernet disparut avec le valet.

L'on partit : une fois en chasse, Ganguernet et l'un des chasseurs gagnèrent un côté de la plaine, tandis que les amis battaient l'autre :

— Il y aura de quoi rire ce soir, dit Ganguernet à son compagnon.

— Et pourquoi?

— Imaginez-vous que j'ai donné un louis au domestique pour qu'il ne portât pas la lettre à son adresse.

— Est-ce que vous l'avez prise?

— Non, pardieu, j'ai dit au messager qu'il s'agissait d'une bonne farce, et qu'il fallait porter la lettre au mari. Il siége en ce moment comme juge au tribunal. Quand il va voir qu'il y aura ce soir quinze gaillards de bon appétit chez lui, il va se ronger la rate de colère. Il est avare comme Harpagon, et l'idée que nous allons mettre sa cave et sa basse-cour à feu et à sang va lui donner une telle humeur, qu'il est capable de faire condamner dix innocents pour arriver assez tôt à la campagne et prévenir le pillage.

— S'il en est ainsi, répondit le compagnon de Ganguernet, cela me semble un assez méchant tour.

— Bah! histoire de rire! D'ailleurs, le plus drôle, ce sera quand nous arriverons. Les autres crèveront de faim et de soif, ils se rendront au château, bien persuadés qu'ils vont trouver un excellent souper. Mais rien, absolument rien.

— Et vous croyez que cela me convient plus qu'à un autre? repartit le jeune homme que Ganguernet avait choisi pour confident. Vous-même ne serez-vous pas la première dupe de votre plaisanterie?

— Que non, que non, j'ai là un poulet froid et une bouteille de bordeaux, je vous en offre la moitié.

— Merci, j'aime mieux retrouver Ernest, et le prévenir.

— Ah! mon Dieu! mon cher, s'écria Ganguernet, il n'y a pas moyen de rire avec vous.

Le jeune homme s'éloigna, et chercha ses amis, pour leur demander où il pourrait trouver Ernest. Ils lui dirent qu'il s'était dirigé du côté du château de sa belle-sœur. Il marcha vers cet endroit, décidé à aller prévenir madame de B.... du tour de Ganguernet. Au détour d'un chemin, il aperçut Ernest qui allait vers le château; il doubla le pas pour l'atteindre, et le gagna assez de vitesse pour arriver presque au même instant que lui : seulement Ernest avait déjà franchi la porte quand le jeune chasseur s'y présenta. Comme celui-ci allait entrer, elle se ferma violemment, et il entendit presque aussitôt l'explosion d'une arme à feu; puis une voix s'écria :

— Eh bien! puisque je t'ai manqué, défends-toi...

Le jeune homme se précipita vers une grille à hauteur d'appui, qui ouvrait dans la cour; et là il vit le spectacle le plus affreux. Le mari, l'épée à la main, attaquait Ernest avec une rage désespérée.

II. 4

— Ah ! tu l'aimes et elle t'aime ! s'écria-t-il d'une voix rauque et furieuse... Ah ! tu l'aimes et elle t'aime ! A toi d'abord, puis à elle...

La lettre remise au président lui avait appris un secret qui était resté caché depuis plus de quatre ans, et avant de venger les injures de la société, le juge était accouru pour venger la sienne.

Vainement l'ami d'Ernest, monté après la grille, criait et en appelait à leur nom de frères ; M. de B... poussait Ernest d'un coin de la cour à l'autre avec une fureur aveugle. Tout à coup une fenêtre s'ouvrit, et madame de B... pâle, échevelée, parut à leurs yeux.

— Léonie ! s'écria Ernest, va-t'en !

— Non, qu'elle reste ! dit le mari. Elle est enfermée : n'aie pas peur qu'elle vienne nous séparer.

Et il se précipita de nouveau sur son frère avec une si violente exaspération, que le feu jaillit des épées.

— C'est moi qui dois mourir, criait madame de B.... ; c'est moi, tuez-moi, tuez-moi !

Le jeune homme, malheureux spectateur de

cette horrible scène, mêla ses cris à ceux de madame de B....; il appela, il ébranla la grille; il allait escalader le mur, lorsque, poussée par son désespoir, égarée, folle, éperdue, Léonie se précipita par la fenêtre, et tomba entre son amant et son mari. Celui-ci, à qui la rage avait ôté toute raison, dirige son épée contre elle; mais Ernest la détourne, et perdant à son tour toute crainte, il s'écrie :

— Ah! tu veux la tuer? Eh bien, défends-toi donc!

Et à son tour il attaque son frère avec une rage inouïe.

A ce moment, personne au monde ne pouvait rien pour les séparer : ils étaient enfermés dans la cour, et la malheureuse Léonie s'était cassé la jambe en tombant. C'était un épouvantable combat. Déjà le sang des deux frères coulait; il semblait que ce ne fût que pour accroître leur fureur. Cependant le jeune chasseur était arrivé au sommet du mur, et il allait sauter dans la cour, quand il vit quelques-uns de ses amis accourir. Ganguernet était à leur tête; il s'approche en lui disant :

— Vous criez comme un homme qu'on écorche, nous vous avons entendu d'un quart de lieue; qu'est-ce qu'il y a donc?

A la vue de cet homme, le chasseur s'élança vers lui, le saisit à la gorge; et le poussant avec fureur contre la grille, il lui cria à son tour:

— Regardez: histoire de rire, monsieur, histoire de rire !

M. de B...., percé d'un coup d'épée, gisait à côté de sa femme.

— Et qu'est-il arrivé de cette fatale rencontre? dit Luizzi.

— Monsieur de B.... est mort, et Ernest a disparu. Madame de B.... s'est empoisonnée le lendemain de cet horrible duel.

Comme le Diable finissait, Ganguernet se retourna en murmurant :

Histoire de rire !

— Mais c'est un infâme misérable que cet homme; comment quelqu'un lui parle-t-il encore?

— Bah, mon cher, qui sait cela?

— Tout au moins ce jeune chasseur à qui Ganguernet a fait sa confidence.

— Mais, repartit sèchement le Diable, si ce jeune chasseur a fait une action non moins abominable que celle de Ganguernet ; s'il a perdu une femme et en a tué une autre par un lâche mensonge, et si ce Ganguernet se trouve par hasard pouvoir ajouter à l'initiale d'un nom cité dans un billet d'une certaine dame Dilois, les lettres qui diront quel est le gai calomniateur qui a commis ces crimes, le jeune chasseur se taira et tendra la main au misérable infâme.

— Quoi ! dit Luizzi, ce spectateur...

— C'était toi, mons baron, toi qui n'as rien dit.

Armand oublia tout ce qu'il venait d'entendre ; une seule chose le frappa, et il s'écria tout joyeux :

— Tu vois bien que tu me racontes ma vie passée.

— En tant qu'elle se mêle à celle des autres, très-volontiers.

— Oh ! alors, dit le baron transporté, car il espérait en s'informant ainsi des autres se renseigner sur son propre compte, dis-moi quel est cet homme maigre et soucieux qui se retourne à tout propos en murmurant :

« Oui, ma femme. »

Cet homme est une espèce de crétin qui ne te touche guère.

— C'est ce que nous verrons, reprit Luizzi qui se méfiait du Diable.

— A ton aise, mais tant pis pour toi s'il t'en arrive malheur.

— N'aie pas peur, je ne me jetterai point par la portière, comme à la forge par la croisée.

— Pauvre niais, qui, parce qu'il prend des précautions contre une espèce de danger, s'imagine qu'il ne peut pas s'en présenter d'autres qui l'atteindront. Tu es comme un homme qui, s'étant heurté la tête en marchant, regarde toujours en l'air et se croit en sûreté, et qui dans cette sotte confiance se jette dans un trou qu'il ne voit pas.

— Eh bien ! j'en brave le péril.

— Le premier de tous, mon cher baron, reprit le Diable, c'est de m'entendre faire des théories.

— Ne peux-tu t'en dispenser?

— Allons donc, mon cher ami, ne m'as-tu pas menacé de me faire imprimer, et crois-tu que le Diable soit un assez honnête homme de lettres pour ne pas se prélasser comme les autres dans les considérations générales, la dissertation mét physique et la digression moralisante?

— A toi permis, dit Luizzi ; la nuit est noire, je suis éveillé comme un homme qui a dormi six semaines, et je t'écoute.

Et le Diable parla ainsi :

— C'était au temps où les bêtes parlaient, dit votre La Fontaine; c'était dans un temps bien plus extraordinaire : c'était au temps où les jeunes gens d'esprit se faisaient notaires. Ce temps est passé; quelques-uns ayant remarqué qu'un exercice modéré du notariat conduisait nécessairement à l'obésité et à l'atonie morale, et qu'une habitude trop assidue de ses fonctions menait à l'imbécillité. Par ainsi les hommes qui ont quelque désir d'échapper à tout suicide intellectuel ont fui cette périlleuse carrière.

Comme on n'a pas encore soumis le notariat

à une analyse chimique, je ne pourrais pas dire par quelle substance pernicieuse il arrive à ces fâcheux résultats, mais ces résultats n'en sont pas moins vrais. Si tu veux te donner la peine de regarder autour de toi, il sera facile de te convaincre que ce que j'avance ici n'est pas un paradoxe.

Le notaire, une fois notaire, est un être à part : l'étude est un sol où il s'implante et pousse à la manière de ces végétaux animalisés que l'histoire naturelle classe indifféremment parmi les lichens et les crustacés.

Il n'existe pas une carrière qui ne laisse à ceux qui la suivent quelques facultés libres pour s'occuper des choses de la pensée ; nous connaissons des avoués, des médecins, des boulangers et des rémouleurs qui ont quelques idées de style et de poésie ; on trouve des usuriers qui aiment les arts, et il n'y a pas jusqu'aux agents de change dont quelques-uns se connaissent en peinture, en musique, en littérature, et qui en parlent avec distinction : mais je défie qu'on me produise un notaire de cinquante ans ayant une idée. Je ne veux pas aborder ici les questions intimes; mais y a-t-il au monde une classe qui soit plus féconde en maris trompés que celle des notaires? Ceci tient à de hautes considérations morales sur l'état des femmes, qu'il est inutile de t'expliquer longuement. Mais il est facile de s'imaginer que dans une carrière qui donne presque toujours une opulence au moins relative, et qui met celui qui l'exerce en contact avec toutes les positions sociales, il est presque impossible qu'une femme ne trouve pas au-dessus ou au-dessous d'elle celui qui doit la distraire de l'ennui de son mari. Un homme enfermé depuis huit heures du matin jusqu'à huit heures du soir dans son étude, qui laisse sa femme sans occupation, ni inquiétude de fortune, un homme pareil a toutes les chances d'être cocu, car sa femme a toutes les chances de malfaire, l'oisiveté et l'ennui.

La femme d'un spéculateur, qui joue sa fortune à chaque entreprise, peut s'intéresser à cette vie agitée; elle peut s'informer du succès d'une affaire d'où dépend son bien-être et sa position; mais la femme d'un notaire, le bien lui vient en dormant comme à son mari; et il lui reste toutes ses longues journées à dévorer. Quand l'aliment devient lourd, elle le partage. C'est si naturel!

— Mons Satan tient plus qu'il ne promet, dit Luizzi; il avait annoncé qu'il serait ennuyeux, et il me paraît assommant.

— Cela te prouve seulement qu'il est impossible de guérir l'humanité.

— Et pourquoi?

— Parce qu'elle ferme les yeux du moment qu'on veut lui montrer pourquoi elle se crétinise.

— Et que me fait à moi le crétinisme du notaire?

— Tu verras. Tout homme riche, exposé à hériter ou à se marier, doit s'intéresser au notaire, cette machine à testaments et à contrats.

Luizzi crut deviner que le notaire dont il allait être parlé pouvait se trouver, comme Ganguernet, mêlé à sa vie; il prit patience, et le Diable continua :

— Toutefois cette atrophie morale du notaire a besoin de temps pour arriver à son dernier période : ainsi le maître-clerc est presque toujours un homme assez chaud, vivant dans le monde des femmes galantes, de la bouillotte et des soupers bruyants; le notaire de trente à quarante ans ne manque pas d'une certaine allure du monde; il joue gros jeu, loue des loges aux spectacles, donne à dîner, dit des galanteries surannées aux très-jeunes femmes, et se permet quelques escapades avec les moins chères de ces belles filles dont l'esprit ou la beauté font scandale.

Passé quarante ans, le notaire se rabat sur le whist; il dîne pour lui, il est ennuyé du théâtre, il aime la campagne, sort à pied avec un parapluie pour prendre de l'exercice, donne des meubles à la fille de son portier, fait retaper ses vieux chapeaux, et demande la croix de la Légion-d'Honneur. A cinquante ans, le crétinisme arrive : à soixante ans, il est complet. Le notariat est un métier insalubre, contre lequel nos savants sont invités à trouver des préservatifs. C'est un article à joindre au programme qui propose un prix à la découverte d'un procédé qui protége la santé des étameurs de glaces et des doreurs sur métaux.

Or il existait autrefois à Toulouse un notaire appelé M. Litois : cet homme n'est pas mort, mais il n'est plus ; c'est-à-dire qu'il n'existe plus, quoiqu'il ait soixante-cinq ans, soixante mille livres de rente et trente ans de notariat. M. Litois est l'homme-contrat ; si on l'invite à dîner, il vous répond :

— J'ai contracté un autre engagement.

S'il passe chez Herbola pour en apporter quelques friandises, il dit :

— Je voudrais faire l'acquisition de cette bartavelle ou de ce coq de bruyère ; je prends cette hure de sanglier avec ses dépendances : apportez-moi cette truite comme elle se comporte.

Du reste, il est tellement épris de sa carrière, que devenir notaire, être notaire, avoir été notaire, lui a toujours semblé devoir être toute l'ambition, tout le bonheur et toute la consolation d'un homme. Tu ne t'étonneras donc pas si, avec ces dispositions, M. Litois est resté si longtemps notaire. Cependant des coliques néphrétiques, résultat d'une fidélité trop constante à son fauteuil de maroquin, l'avertirent qu'il était temps de se tenir debout, de marcher et de sortir du notariat. Il y a douze ans, il se résolut à vendre sa charge. Il jeta les yeux sur son maître-clerc, M. Eugène Faynal, garçon de vingt-huit ans, spirituel, complaisant, gai, rieur et amoureux. M. Litois lui connaissait bien tous ces défauts; mais Eugène n'avait pas le sou, et c'est pour cela qu'il le préféra. Vendre sa charge à un homme riche, qui le paierait en beaux écus, c'était se séparer violemment de sa vie passée; c'était jeter aux bras d'un autre son amour de trente ans, sa charge, sa maîtresse, toujours jeune et toujours fidèle.

M. Litois ne se sentit pas ce courage : il calcula qu'un jeune homme qui lui devrait deux cent mille francs serait bien plus à sa merci, et que quelquefois encore il pourrait se glisser furtivement dans l'étude, butiner encore par-ci, par-là, comme l'abeille matinale, becqueter une vente, comme un passereau un fruit mûr; effleurer de sa plume un contrat de mariage comme un papillon une rose, et veiller sur sa charge, créature inestimable et chérie, laquelle, comme le disait M. Litois, était devenue sa fille après avoir été sa femme.

Eugène Faynal accueillit avec joie les propositions de M. Litois. Celui-ci savait qu'avec un mariage Eugène paierait sa charge; et pour que le jeune homme ne fût pas inquiet, M. Litois annonça qu'il avait, dans une petite ville aux environs de Toulouse, une cliente dont il comptait gratifier son successeur avec trois cent mille livres de dot. C'était une si belle chance de fortune qu'Eugène accepta les yeux fermés; il se laissa même aller, dans ce premier mouvement d'enthousiasme, à certaines conditions dont il ne calcula pas toute la portée. Lorsque M. Litois avait fait une affaire, il aimait assez qu'elle fût conclue, et qu'il n'eût plus de chances à courir.

Comme Eugène pouvait mourir avant de s'être marié, son patron le fit assurer sur la vie pour une somme de 200,000 fr., de manière à être payé de sa charge si Eugène mourait, et à laisser aux héritiers du jeune homme le soin de la vendre. Eugène était jeune, bouillant, il aimait le monde et les plaisirs, et c'était un peu pour satisfaire à ses penchants qu'il avait si inconsidérément tenté la fortune.

Avant tout cependant Eugène était un honnête homme, et sa première pensée était de s'acquitter envers M. Litois. Celui-ci avait donné des termes, il avait compris qu'il fallait au jeune notaire le temps d'établir sa réputation, avant de le présenter comme un mari convenable à une belle dot.

Durant la première année, Eugène n'eut donc à souffrir que de l'importunité des visites de son ancien patron; et ce qui est remarquable, c'est que M. Litois, qui, avant ce temps, ne faisait rien que par les conseils de son maître-clerc Eugène, prétendait le régenter dans tout ce qu'il faisait en sa qualité de notaire. Mais ces petits ennuis importaient peu à Eugène, car il était riche, considéré et heureux. Heureux en effet! il aimait une femme belle, gracieuse, dont il avait fait les affaires à propos d'une séparation de biens.

Cette femme était du monde, elle avait été malheureuse avec son mari, et se servait très-habilement d'une pâleur habituelle pour faire croire à une profonde tristesse; elle grasseyait en minaudant faiblement; elle s'habillait à ravir, et adorait M. de Chateaubriand. C'était, en termes d'étude, une conquête charmante pour Eugène. Il n'en parlait à personne, mais tout le monde le savait. Cette publicité alla si loin que le mari finit par l'apprendre.

Ce mari-là consentait à être séparé de biens d'avec sa femme, mais comme on ne l'avait pas séparé de nom, il ne voulut pas que le sien fût un objet de commentaires peu obligeants. Il attendit une occasion, et un jour que sa femme et Eugène sortaient ensemble du spectacle, le mari souffleta le notaire aux yeux de deux cents personnes. Rendez-vous fut pris pour le lendemain.

A huit heures du matin Eugène était chez lui avec ses témoins; il allait sortir pour se rendre à une demi-lieue de la ville, lorsque M. Litois entra impétueusement, avec l'air d'une profonde indignation.

Avant que personne eût pu reconnaître l'homme qui s'introduisait ainsi sans se faire annoncer, M. Litois sauta à la gorge d'Eugène, et, le prenant au collet, s'écria :

— Vous n'irez pas, vous n'irez pas!

— Mais, monsieur, dit Eugène en se dégageant, que prétendez-vous ?

— Je prétends vous faire rester honnête homme.

— Monsieur! que signifie ?

— Cela signifie que vous n'irez pas vous battre.

— J'ai été insulté.

— C'est possible.

— J'ai moi-même insulté mon adversaire.

— C'est possible.

— Il m'attend, et je brûle de le rencontrer.

— C'est possible.

— Et l'un de nous deux restera sur la place.

— Ce n'est plus possible.

— C'est ce que nous allons voir.

— Ah! vous n'irez pas! s'écria l'ex-notaire,

en se plaçant furieusement entre la porte et Eugène.

Celui-ci avait grande envie de prendre le vieillard par les épaules et de le jeter de côté : mais il se contint.

— Allons, monsieur Litois, lui dit-il, soyez plus raisonnable; votre intérêt pour moi vous emporte trop loin; je ne suis pas encore un homme mort.

— Tant pis.

— Comment, tant pis?

— Oui, monsieur, tant pis : car si vous étiez mort, vous ne me feriez pas la friponnerie d'aller vous battre.

— Monsieur !...

— Pas de cris, mon cher Eugène, et lisez.

— Qu'est-ce? la police d'assurance sur ma vie?

— Lisez : là, au bas de la page.

Eugène lut : « La compagnie ne sera pas tenue de payer le capital assuré, si l'assuré meurt hors du territoire de l'Europe, ou s'il est tué en duel. »

— Ou s'il est tué en duel! entendez-vous bien, monsieur Eugène ; *ergo* vous ne vous battrez pas, à moins que vous n'ayez deux cent mille francs à me donner en espèces sonnantes et ayant cours.

Eugène humilié, confondu, ne savait que répondre :

— Monsieur, dit-il à l'un des témoins, veuillez aller prier mon adversaire d'attendre à demain matin.

— Pas plus demain matin qu'aujourd'hui ; j'ai averti la police, reprit l'ex-notaire, et vous serez suivi.

— Mais, monsieur, vous me déshonorez !

— Vous voulez me ruiner.

— Mais, monsieur, je n'emporterai pas votre charge dans la terre.

— Je n'ai plus de charge : j'ai un débiteur de deux cent mille francs. Est-ce que je sais ce qu'est devenue l'étude dans vos mains? Un notaire qui a une maîtresse dans le monde, un notaire qui se bat, cela ne s'est jamais vu : je ne donnerais pas trente mille francs de votre charge. Vous m'en devez deux cent mille, votre personne est mon garant; la risquer c'est commettre un stellionat, une violation de dépôt; c'est, je le répète, une friponnerie, et j'en fais juges ces messieurs.

— Ma foi, dit l'un des témoins, nous reviendrons quand ce débat sera jugé.

Eugène ne put se débarrasser de Litois; l'heure du rendez-vous était passée, vainement le jeune notaire avait écrit au mari pour lui demander une autre rencontre; celui-ci, qui avait appris la cause du retard d'Eugène, n'accepta pas, disant que celui qui manque à un pareil rendez-vous donne à penser qu'il manquerait à un second; puis, en homme d'esprit, bien sûr qu'il se vengerait mieux avec un ridicule qu'avec un pistolet, il raconta l'histoire du notaire marchandant sa liberté au vieux patron.

Ce fut une scène fort drôle, où le jeune homme faisait ses offres au vieillard : — A dix mille francs, et laissez-moi sortir... — Non! — Vingt mille... — Non! — Trente mille... — Trente mille fois non! Deux cent mille francs, ou rien.

Cela fit grand bruit dans Toulouse, et Eugène ne s'en releva pas comme homme du monde ! Son crédit comme notaire en fut même très-sensiblement atteint. Un jeune homme qui n'avait pas su se battre, ni pour lui, ni pour la femme qui l'aimait, c'était un homme sans dignité ; la clientèle l'abandonna par les femmes, ostensiblement et d'une manière cachée.

M. Litois s'alarma sérieusement de ce discrédit, et usa de tous ses moyens pour le relever ; mais avant tout, il songea à s'assurer le paiement de sa charge : il annonça donc à son cessionnaire la cliente qu'il lui avait promise; elle devait arriver dans deux mois. Depuis sa mésaventure, Eugène, qui n'osait plus se montrer dans les salons un peu choisis, avait contracté l'habitude d'aller chez quelques clients modestes; il rencontra chez l'un d'eux une fille d'une ravissante beauté, d'une modestie suprême, d'un caractère flexible et doux, un ange. Elle ne vit d'Eugène que les bonnes grâces du jeune homme, l'élégance de ses manières, la politesse de son esprit, la bonté de son cœur ; elle l'aima, ils s'aimèrent ; et Eugène, dans un transport d'amour où il oublia ses cruelles obligations, lui jura de l'épouser. Elle le crut, et la pauvre Sophie !...

Mais ceci est une histoire à part et qu'il ne me convient pas que tu saches encore. Je reviens à Eugène Faynal.

Le lendemain de cette sainte promesse, Eugène reçut une invitation à dîner de M. Litois; le malheureux s'y rendit sans défiance. A peine arrivé, l'ancien patron le fait entrer mystérieusement dans un cabinet de travail, et lui annonce qu'il va voir sa future.

Le coup de foudre fit pâlir Eugène :

— Mais je ne le savais pas.

— Comment! vous ne le saviez pas? Voilà deux mois que vous êtes prévenu.

— Mais...

— Comment, mais !... avez-vous oublié que le terme de votre premier paiement de cent mille francs est échu, et que si votre mariage n'est pas conclu d'ici à huit jours, et le paiement fait, je vous dénonce à la chambre des notaires!

— Monsieur, c'est une barbarie !

— Comment, une barbarie ? Je vous donne une femme qui vous apporte trois cent mille francs de dot !... Mais, mon cher, vous êtes fou !

Eugène pensa que véritablement il était fou, selon les affaires, et il se laissa conduire au salon ; il entre, il regarde, il voit, ô surprise ! une jeune fille, belle, charmante, gracieuse. Malgré son amour, il tremble d'un doux espoir.

— Où est votre tante ? dit le vieux notaire.

— Me voici, répond une voix aigre, sortant d'une face maigre.

— Mademoiselle Dambon, je vous présente notre futur.

Eugène s'inclina avec respect !

— Mademoiselle, laissez-nous, dit le notaire à la belle enfant, nous avons à parler d'affaires.

Eugène la suit amoureusement des yeux ; elle lui rit au nez, et il se tourne vers la tante.

— Allons, Eugène, lui dit le notaire, baisez la main de votre future.

Eugène tomba moralement à la renverse, et si ses jambes le soutinrent, ce fut par habitude, car il se crut au milieu d'un tremblement de terre. La vieille future comprit l'effet qu'elle avait produit, mais le mari lui avait plu, et elle pensa qu'une fois qu'il serait sien, elle en profiterait bon gré mal gré. Elle laissa donc à Eugène le temps de se remettre, et bientôt elle parla si vivement et si catégoriquement de ses terres, de ses vignes et de ses prairies, que le jeune praticien, que le notariat avait déjà gangrené par-ci par-là, la trouva moins coupe-rosée, moins maigre et presque avenante. Cependant ce fut un long combat entre ses promesses et la nécessité; il en fut assez malheureux pour en parler à un ami, la veille du mariage.

Beaucoup d'autres notaires ont épousé de vieilles filles fort laides pour leur dot, mais on sait qu'ils s'en sont donné la peine, et on les répute habiles. Ce mariage imposé fut reproché à Eugène comme une lâcheté; d'une autre part, le ridicule l'avait entamé; les blessures que fait cette arme dangereuse ne se ferment jamais, et pour peu qu'on les écorche par un nouveau coup, elles s'enveniment mortellement.

Le jeune notaire et sa vieille fille de femme, comme on l'appelait, furent un objet de risée universelle. En effet, madame Eugène Faynal avait gardé sa raideur, sa pincerie et son air prude de vieille fille. A ce malheur, Eugène ajouta celui de devenir père de deux garçons jumeaux. On voit que, pour les femmes, le temps perdu se répare ; les deux jumeaux furent un nouveau ridicule.

Bientôt la dame s'aperçut qu'elle était une curiosité qu'on invitait pour la faire parler de ses charmants jumeaux ; elle accusa son mari de ne pas savoir la faire respecter ; la vie d'Eugène devint une querelle sans fin, l'acrimonie de madame lui monta en érésipèle au visage, et de laide qu'elle était elle en devint abominable ; le caractère suivit le progrès de sa laideur, et au bout de dix-huit mois la maison d'Eugène devint un enfer.

Ce fut alors que, pour se distraire, il s'adonna exclusivement aux affaires ; mais il n'était plus temps, l'étude avait été désertée ; les clients étaient casés ailleurs. Il porta un regard scrutateur sur les dépenses, il vit que, les deux cent mille francs payés, plus les intérêts, il ne lui était resté que quatre-vingt mille francs sur la dot. Les quatre-vingt mille francs étaient passés, en partie, dans les dépenses de la maison, auxquelles ne suffisaient pas les bénéfices de l'étude. Il fallait se réduire considérablement, ou faire de mauvaises affaires.

Eugène n'accepta ni cette humiliation ni cette honte. Il se résolut à vendre sa charge. Le 1er mars 1815, il était près de conclure pour trois cent cinquante mille francs; il retarda de huit jours la signature de l'acte, et un an après, il vendit sa charge pour cinquante mille francs. Aujourd'hui M. Faynal est un habitant de Saint-Gaudens, ayant une femme de quarante-huit ans, quatre enfants, deux mille deux cents livres de rentes; il s'est adonné à la culture des roses, il porte des souliers en veau d'Orléans, avec des guêtres de coutil, fait des parties de boston à un liard la fiche et joue de la clarinette. Après avoir été notaire, il a encore du cœur et des idées; il sent son malheur et se trouve ridicule. Cet être extraordinaire n'a que quarante-huit ans, et c'est lui qui dort en face de toi.

— Et que me fait cet homme, pour que tu m'aies si longuement raconté les tribulations de sa vie ?

— Comment ! tu ne comprends pas, repartit le Diable, comment un notaire peut se trouver mêlé à ta vie ?

— Quand on n'a fait ni ventes, ni acquisition, ni mariage, contrat double où l'on vend son nom sans acheter le bonheur...

— Mauvais, très-mauvais, dit le Diable.

— Plaît-il ?

— Continue, je ne repète pas.

— Eh bien, quand on n'a rien fait de tout cela, on n'a pas de grands intérêts à démêler avec un notaire.

— N'en avais-tu aucun avec M. Barnet ?

— Assurément. Mais M. Barnet était mon notaire.

— Mais n'était-ce pas comme notaire d'un autre que tu as désiré le consulter ?

— En effet, dit Luizzi, comme notaire du marquis du Val. Eh bien?

— Eh bien? Pauvre garçon! tu ne comprends pas? et tu veux aller vivre à Paris, où il faut deviner à peu près tout! car c'est un pays où l'on ne dit presque rien des intérêts cachés, tant on a la conscience que chacun les apprécie.

— Tu es trop fin pour moi, mons Satan.

— Eh bien donc, monsieur le baron, il est presque inévitable que dans un contrat de mariage il se trouve deux notaires, celui de la famille du mari et celui de la famille de la mariée.

— C'est probable.

— Qu'était M. Barnet?

— Le notaire du marquis du Val.

— Et quel était le notaire de mademoiselle Lucy de Cremancé, devenue marquise du Val?

— Ce serait ce monsieur qui dort? s'écria Luizzi.

— Très-bien! très-bien! répondit le Diable en nasillant comme un frère ignorantin qui interroge un enfant sur l'existence coéternelle de Dieu le père et de Dieu le fils, et qui est satisfait de la réponse qu'il a reçue.

— Et sans doute il assistait à cette scène si extraordinaire dont Barnet a si bien gardé le secret?

— Encore très-bien, repartit le Diable du même ton nasal.

— Et crois-tu qu'il veuille me la raconter?

— Tu sais que j'ai promis de te la dire, mais s'il veut m'épargner ce soin, il me rendra service, car j'ai affaire ici.

— Dans cette diligence?

— Oui.

— Quoi donc?

— Un tour de ma façon.

— Lequel?

— Tu verras.

Et sur ces paroles le Diable disparut. Luizzi, grâce à la vision surnaturelle qui lui était accordée de temps en temps, Luizzi vit le Diable se transformer en une mouche de petite dimension, de si petite dimension que personne que lui n'eût pu l'apercevoir. Elle voltigea un moment dans l'intérieur, et tout en badinant elle piqua le nez de l'ex-notaire, qui machinalement prit les genoux de la dame assise à côté de lui.

La dame, que le Diable n'avait pas piquée, donna à M. Eugène Faynal un coup de ridicule sur les doigts; il y avait trois clefs dans le sac. Le notaire s'éveilla en sursaut, et Ganguernet lui sauta à la gorge en lui criant : La bourse ou la vie!

— Qu'est-ce? s'écria l'ex-notaire épouvanté.

— Histoire de rire! répondit Ganguernet; et tout le monde s'étant éveillé, la conversation devint générale.

Cependant Luizzi, plus curieux en ce moment de ce qui allait arriver dans la diligence que de connaître ses compagnons de voyage, ferma les yeux pour faire semblant de dormir, ce qui ne l'empêcha pas de pouvoir suivre dans son vol la mouche microscopique, qui n'était autre que le Diable.

Elle sortit de l'intérieur et entra dans le cabriolet.

A côté de M. de Merin, l'Indien des prisons de Berlin, se trouvait un jeune homme de vingt ans tout au plus. Il était beau garçon, mais portait en lui un air de niaiserie ambitieuse que Luizzi n'eût point sans doute remarqué, sans cette perspicacité subtile que le Diable lui avait communiquée.

Cette faculté permit au baron de comprendre la nature de ce jeune homme, sans prévoir toutefois où elle pourrait le conduire. Il reconnut qu'il était doué d'une faculté impressive extraordinaire qui l'avait continuellement jeté dans les rêves d'une existence d'autant plus fantastique, qu'elle s'était pour ainsi dire accomplie en imagination.

Étant encore au collége, où il avait lu les *Brigands de Schiller*, ce monsieur s'était pris d'amour pour les longues figures errantes des détrousseurs de grands chemins. Il se mirait dans son imagination, en grandes moustaches, en culotte rouge, avec des bottes jaunes, des gants noirs à la Crispin, un sabre et trois paires de pistolets. Son cours de droit, qu'il commença un an après, lui apprit le néant de ces vanités. Les gendarmes français lui parurent trop nombreux et les cavernes trop rares chez nous, et Fernand renonça à être un sujet de drame allemand.

Bientôt, et comme à beaucoup d'autres jeunes gens, il lui tomba dans les mains le détestable roman de *Faublas*, et voici Fernand se créant dans toutes les loges de l'Opéra des marquises de B...., voyant dans toutes les petites femmes rieuses des jeunes dames de Lignoles, et pensant qu'il ferait des charades tout comme un autre. Ce fut une danseuse qui le guérit de cette folie, et ce fut son médecin qui le guérit de sa danseuse.

Une autre fois, après avoir dévoré *Werther*, Fernand s'imagina qu'il devait se tuer d'amour. Potier, qui était allé donner quelques représentations à Toulouse, mit fin à cette prétention. L'histoire des guerres de la révolution faillit faire engager Fernand en temps de paix et, s'il eût pu traverser la Garonne sans vomir il se serait fait marin, pour rivaliser avec Améric Vespuce ou le capitaine Cook.

Au moment où Luizzi observait Fernand, ce jeune homme venait de faire la lecture de l'histoire des papes, et ce n'était pas sans quelque ravissement qu'il avait sondé les secrets du Vatican. Cette domination absolue qui s'élève au-dessus de celle des rois, cette représentation immédiate de Dieu, cette pompe brillante des cérémonies chrétiennes, avaient étourdi sa facile imagination, et soit qu'il enviât les lubricités de Borgia, la gloire douce et artiste de Médicis, la politique et la philosophie de Ganganelli, toujours est-il que la papauté le tenait à la gorge. Être pape lui paraissait, à vingt ans, une plus belle destinée qu'aimer et être aimé.

Cela tenait de la folie.

Enfin c'était dans cette disposition de cœur et d'esprit que Fernand parcourait la route de Paris à Toulouse. Luizzi voyait la mouche Diable tournoyer au bout du nez du jeune homme, lorsqu'on arriva à un village appelé Boismandé. Rien de remarquable ne le recommanderait à l'attention du voyageur, si ce n'est qu'on y dîne, et il n'existe dans le monde que deux individus qui sachent véritablement la valeur d'un dîner attendu, c'est l'homme qui voyage en diligence et le convalescent à sa première côtelette.

L'énorme voiture aux armes de France s'arrêta donc à Boismandé, devant l'auberge accoutumée. Elle dégorgea ses nombreux voyageurs, les hommes coiffés de foulards et de bonnets de soie, les femmes de chapeaux cassés et de marmottes grasses; les uns et les autres emmaillottés de redingotes déformées, de pelisses flétries, de manteaux usés, etc., tous crottés à faire reculer la brosse la plus ardue dans la main la plus agile. La seule dame voilée n'entra pas dans l'auberge et continua sa route.

Qui ne sait ce que c'est qu'une descente de diligence à l'auberge, ce premier mouvement si grotesque de tout ce monde qui se rajuste? Celui-ci secoue vivement la tête et les épaules, se frotte les mains et tousse avec vigueur, pour se retirer un moment de l'état de hareng où il était, et se remettre en l'état d'homme ordinaire, et en jouissance de toutes ses facultés ; celui-là agite rudement sa jambe pour faire redescendre sur sa botte le pantalon trop étroit que le frottement d'une jambe voisine a replissé jusqu'au genou. Telle femme, encore fraîche, rebombe, à l'aide de son doigt et de sa chaude haleine, les plis empesés de son bonnet qui n'est pas sans coquetterie ; et telle autre rétablit en descendant la tournure trop affaissée d'une douillette feuille-morte.

Après ce petit temps d'arrêt, tout le monde se précipita dans une immense cuisine où murmurent de toute éternité, dans de vastes casserolles, la gibelotte douteuse et l'implacable fricassée ; tandis que la broche roule devant un foyer ardent le canard bourbeux de la mare voisine et la longe de veau, ressource de gens dégoûtés.

Puis quelques minutes après, lorsque les hommes, grâce à la fontaine de cuivre qui reluisait à l'un des angles de la cuisine, se furent légèrement rafraîchi le visage et les mains, et que les femmes, un moment disparues, revinrent plus aises et plus accortes, on s'assit à la longue table qui occupait la vaste salle à manger, et c'est alors que se commença le repas à un petit écu par tête.

D'abord la conversation s'engagea sur l'excellence des chevaux du dernier relai, sur l'habileté du postillon, la complaisance du conducteur, la commodité de la voiture, et puis sur les villes où l'on avait passé, le département où l'on se trouvait, le village où l'on s'était arrêté, et enfin sur l'auberge où l'on dînait.

Luizzi écoutait avec d'autant plus d'attention, que cette conversation lui apprenait l'histoire du commencement de son voyage. Mais il ne perdait pas de vue l'infernal insecte acharné sur le nez de Fernand.

D'ordinaire, il suffit d'avoir dix-huit ans, d'être garçon et d'avoir vu Toulouse et son Capitole, Paris et tous ses monuments, pour se croire le droit de tout mépriser ; et Luizzi ne sut trop pourquoi le Diable se donnait la peine de quitter le nez de Fernand pour piquer un petit jeune homme à l'air assez impertinent, qui retournait à Paris pour y finir son droit commencé à Toulouse; cela n'était pas nécessaire pour lui faire dire hautement qu'on était dans un misérable village, au milieu d'un misérable pays et dans une misérable auberge.

A coup sûr, l'amour de la patrie, celui de la contrée, celui même plus étroit du foyer domestique, sont de nobles sentiments, et pourtant ils inspirèrent bien mal la jolie Jeannette; car si Jeannette n'avait pas voulu défendre sa pauvre auberge, que de malheurs son silence eût épargnés! Mais le Diable s'était mêlé de la partie, et Dieu sait si le Diable a jamais fait autre chose que de se servir de bons sentiments pour faire commettre de mauvaises actions.

Du nez de l'étudiant, la mouche sauta sur celui d'une jeune servante qui l'écoutait, et à peine celui-ci avait-il laissé tomber de sa bouche le mot de misérable auberge, que la jeune fille, qui n'avait pas plus de seize ans, s'écria :

— Bah! monsieur, de plus grands seigneurs que vous y ont logé sans en dire tant de mal.

Ces mots appelèrent l'attention des voyageurs sur cette jeune fille; elle était grande, et la grossièreté de ses vêtements ne pouvait dissimuler l'extrême élégance de sa taille. De petits pieds dans des sabots, des mains admirables, quoique gercées, annonçaient une nature distinguée, une origine qui mentait à sa situation. Tenez-vous pour assuré que toutes les fois que vous rencontrerez dans le peuple un de ces signes d'une vie non sujette aux pénibles travaux, c'est quelque oubli de la retenue de fille ou de la foi conjugale, en faveur de quelque beau seigneur, qui a créé cette anomalie. Le travail et la misère dégradent sans doute bien vite ces nobles proportions, apanage de la riche oisiveté; mais à seize ans, elles sont encore fraîches et vivantes, et Jeannette avait à peine seize ans.

Fernand y fit-il attention? nullement. Il rêvait pape, et rien ne l'atteignait au-delà de cette sphère souveraine; à peine si la pourpre cardinale lui eût fait lever les yeux. Il n'avait donc rien remarqué, ni l'observation, ni la réponse qu'elle avait fait naître, ni la voix frêle qui avait parlé, ni cette bouche étincelante de dents d'ivoire, ni ces longs cheveux d'un blond cuivré, ni ces grands yeux d'un bleu gris, dont la vague expression dénotait une âme facilement emportée au hasard des circonstances.

Un vieillard seul, arrêtant ses yeux avec attention sur Jeannette, lui dit d'une voix polie et peu connue aux servantes d'auberge.

— Quels sont donc ces illustres voyageurs, mademoiselle ?

— Et parbleu ! reprit Ganguernet qui interrompit une aile de poulet en l'honneur de la gloire française, presque tous les généraux qui ont fait la guerre d'Espagne.

— Ce n'est pas ceux-là dont je veux parler, dit Jeannette.

— Ah ! je comprends, ajouta le Ganguernet, il s'agit du pape Pie. Pie a logé ici. Et il se prit à rire, du rire énorme qui le distinguait.

— Qui ? s'écria Fernand, que voulez-vous dire ?

— Oui, monsieur, répondit Jeannette avec un accent de respect pour ce qu'elle allait dire, oui, notre saint père le pape a logé dans notre auberge.

— Lui! lui! le papé! s'écria soudainement Fernand en portant des yeux effarés sur les murs mal tapissés et les poutres noires de la salle à manger, lui! ce généreux martyr!

Cette exclamation appela sur Fernand l'attention qu'on avait d'abord donnée tout entière à la belle servante. Voyageur assez taciturne, résigné dans le cabriolet de la diligence entre le conducteur et l'Indien, Fernand était resté presque étranger, jusqu'à ce moment, au petit monde ambulant dont il faisait partie. Mais ce cri, si singulier dans un jeune homme de dix-huit ans, le désigna vivement aux regards curieux de l'assemblée. Alors seulement on remarqua sa haute taille, son visage austère, ses grands yeux noirs cernés, et ce front large et méditatif qui révèle presque toujours une capacité puissante dans les grandes choses, ou une exagération folle dans les petites.

— Oui, vraiment, reprit Jeannette, enchantée d'avoir trouvé un auditeur si ardent; et la chambre n'a plus jamais servi à personne; on n'y a rien changé, elle est fermée avec soin, et l'on n'y entre qu'avec respect et recueillement.

En ce moment la mouche diabolique entra dans le nez de Fernand et sembla lui vouloir monter dans le cerveau, et il s'écria :

— Ne peut-on la voir? il faut que je la voie.

— Je vais vous y conduire, répondit la jeune fille. Ils sortirent ensemble.

Cependant Luizzi cherchait à deviner ce que le Diable avait à faire de cette servante d'auberge et de ce jeune homme. Leur absence commençait à être remarquée, lorsqu'un bruit très-vif se fit entendre dans la cuisine qui précédait la salle à manger. Le nom de Jeannette, violemment prononcé, frappa plusieurs fois l'oreille des voyageurs; ils voulurent savoir quelle pouvait être la cause de ce tumulte, et ils entrèrent tous dans la cuisine, au moment où Fernand rentrait dans la salle à manger par une autre porte.

Un jeune homme de vingt-cinq ans environ, décoré et en costume de chasse, tenait Jeannette par le bras, avec une violence que rien ne saurait exprimer.

— Donne-moi cette clef, s'écria-t-il, donne-la-moi ! La malheureuse fille, pâle et immobile, le regardait sans répondre et comme fascinée par un charme étranger : cinq ou six pièces d'or tombées à ses pieds attiraient les regards avides de quelques paysans qui se parlaient chaudement ; et la maîtresse de l'auberge, le visage hagard et enflammé, s'écriait :

— La clef est dans la poche de son tablier ; prenez-la, monsieur Henri, prenez-la.

Ce Henri, que sa fureur avait d'abord rendu incapable d'aucune réflexion, finit par comprendre ce qu'on lui disait, et fouillaat brutalement dans les poches du tablier de la pauvre Jeannette, il se précipita comme un furieux vers l'escalier qui conduisait au premier étage. Les voyageurs s'avançaient pour demander l'explication de cette scène de violence, lorsque le baron, de la porte de la salle à manger, près de laquelle il était demeuré, vit le jeune homme décoré s'élancer d'un seul bond du haut de l'escalier. Pendant quelques secondes il promena autour de lui des regards furieux. Un paysan s'approcha, et lui dit :

— Eh bien?

— C'est vrai.

— Dans cette chambre?

— Oui, dans cette chambre.

— Sacrilége et infamie!

— Possible! dit un autre.

A ce moment Luizzi crut reconnaître ce petit rire aigre dont lui-même avait été poursuivi :

— Mais que Diable y a-t-il? dit Ganguernet.

— Là, dans cette chambre, répétait le paysan, dans cette chambre où est le lit du pape?

— Bon! s'écria Ganguernet qui comprit alors; fameux! c'est une idée.

Mais toutes les voix des paysans répondirent par des cris de fureur et de malédiction.

Ils s'élancèrent vers Jeannette, qui l'œil, fixé devant elle, semblait avoir perdu tout sentiment de raison. Enfin, elle s'écria tout à coup :

— Le lit du pape! Ah! je suis damnée!

Une voix que Luizzi seule entendit répondit en riant à cette exclamation, et Jeannette s'affaissa elle-même avec un soupir plaintif et doux et tomba comme si tous les muscles de son corps eussent été brisés. Au moment où Jeannette avait prononcé ces mots : Je suis damnée ! ses yeux s'étaient tournés du côté de la salle à manger, dont le baron occupait la porte. Ce regard, en passant devant lui pour aller jusqu'à Fernand, montra à Armand qu'il avait quelque chose de la sauvage expression qui animait l'œil de Satan, et quand Luizzi, en regardant Fernand, vit dans son œil immobile un reflet de ce feu sinistre qui semblait l'avoir brûlé, il comprit la menace du Diable. Mais, emporté par un sentiment de première pitié, il ferma violemment sur Fernand et sur lui la porte de la salle à manger.

— Fuyez! dit Armand à Fernand.

— Oui, répondit-il sans s'émouvoir.

— Fuyez, ou vous êtes perdu!

— Moi! reprit-il avec un sourire mélancolique, ils ne peuvent pas me faire de mal, j'ai ma destinée; mais je fuirai pour eux.

— Cachez-vous plutôt, montez sur l'impériale et jetez-vous sous la bâche.

Fernand ouvrit la fenêtre, et à peine était-il au sommet de la voiture que la porte de la salle à manger s'ouvrit, et que quelques paysans armés de faux, de pioches, de bâtons et de fléaux, se précipitèrent vers Luizzi.

— Ce n'est pas lui, ce n'est pas lui! crièrent plusieurs voix, et Luizzi fut aussitôt vivement interpellé de dire où était Fernand. Il n'avait pas achevé de leur répondre qu'il l'avait vu prendre de l'avance du côté de la grande route, qu'ils y coururent tous avec des imprécations et des menaces atroces.

Pendant qu'on attelait les chevaux, Luizzi prévint le conducteur de l'endroit où Fernand était caché.

— C'est bien imaginé, lui dit-il, car s'il était sur la route, ils le rattraperaient bientôt, et Dieu sait ce qu'ils feraient de lui.

— Et Jeannette, qu'est-elle devenue?

— On a cru d'abord qu'elle était morte, répondit-il, c'est pour cela qu'ils ne l'ont pas tuée. Mais M. Henri l'a fait porter dans une chambre où on l'a soignée.

— Quel est ce M. Henri ?

— Le fils du maître de poste, ajouta le conducteur, un militaire d'avant les Bourbons, mon ex-capitaine.

— Est-ce qu'il connaissait Jeannette ?

— Lui ! Oh !.... s'il connaissait Jeannette ! tiens !

Le fouet du postillon se fit entendre. — En voiture ! en voiture ! cria le conducteur ; et chacun se hâta, assez triste et silencieux. Armand monta le dernier, et remarqua que le conducteur fit un mouvement de surprise en voyant le postillon se mettre en selle. Le conducteur reçut des mains du postillon une boîte enveloppée d'une couverture en cuir, et il murmura entre ses dents :

— En voilà un de..... Les claquements du fouet empêchèrent d'entendre le reste.

Au train dont on était mené, on eut bientôt rejoint les paysans ; ils arrêtèrent la voiture et voulurent à toute force monter dessus pour rattraper Fernand, qu'ils croyaient être en avant. Mais le conducteur refusa formellement ; et le postillon aiguillonnant ses chevaux de la voix, du fouet et de l'éperon, eut bientôt laissé derrière lui cette troupe irritée.

Aucun des voyageurs qui occupaient l'intérieur de la diligence n'avait jusque-là rompu le silence, mais lorsqu'ils crurent être délivrés complétement de la poursuite des paysans, ils se demandèrent ce qu'avait pu devenir Fernand, et Luizzi le leur apprit. En ce moment, l'on était dans un lieu assez solitaire, la diligence s'arrêta tout à coup. Le postillon mit pied à terre, et élevant la voix, il s'écria :

— Descends, misérable, descends maintenant !

Le baron mit la tête à la portière, et sous la blouse du postillon il reconnut l'ex-capitaine. En ce moment Fernand descendit, et s'approchant de son adversaire :

— Que voulez-vous de moi ? dit-il.

— Ta vie ! ta vie ! s'écria Henri ; et tout de suite, et ici même.

— Je me battrai au prochain relai.

— Ah ! tu refuses, lâche ! et en prononçant

ces mots, Henri fit un geste de menace qui laissa Fernand tranquille. Mais, rapide comme la foudre, celui-ci saisit la main qui allait le frapper, et, forçant Henri à le suivre, il s'approcha de la diligence, et passant le bras qu'il avait libre sous le moyeu de l'une des roues, il souleva l'énorme machine à plus d'un pouce de terre; puis abandonnant la main d'Henri :

— Vous le voyez, dit-il en souriant, à ce jeu vous seriez bien vite battu. Je vous ai dit qu'au prochain relai je serais à vos ordres. Comme sans doute c'est un combat à mort que vous me proposez, vous trouverez bon que je fasse quelques dispositions avant d'y marcher.

Puis, sans écouter ce que son adversaire lui répondait, il adressa la parole à Luizzi d'un ton doux et poli, et lui dit :

— Serez-vous assez bon pour me servir de témoin? je désirerais vous parler un moment; si vous vouliez prendre une place près de moi dans le cabriolet, vous m'obligeriez.

L'arrangement fut accepté, et le conducteur

s'étant retiré sur l'impériale, Armand se trouva avec Fernand et l'Indien de Berlin.

Henri était remonté sur les chevaux, et les pressait de toute sa fureur; la lourde voiture courait comme la calèche la plus légère.

— Avant de vous apprendre, dit Fernand, le secret de ce qui vient de se passer, permettez-moi de vous demander quelques petits services, et d'espérer que vous me les rendrez. J'ai à écrire plusieurs lettres que vous voudrez bien remettre à Paris.

Luizzi fit un signe de consentement, et Fernand continua :

— Vous ferez décharger mes bagages pendant que j'écrirai, et, en arrivant au relai, vous serez assez bon pour me faire préparer des chevaux de poste. Après le combat je veux changer de route, et quitter celle de Paris où je n'irai pas.

Le baron marqua quelque étonnement de cette résolution, et surtout de cette prévoyance tranquille.

— Vous vous étonnez, lui dit Fernand, de ce

que je parle si certainement d'une rencontre dont l'issue vous paraît douteuse ; voyez cet homme, ajouta-t-il en désignant Henri du doigt, cet homme est mort aussi infailliblement que s'il était déjà dans la tombe.

— Lui ! s'écria Luizzi.

— Oui, dit Fernand : ils appellent courage l'ivresse de la colère ; je tuerai cet homme, vous dis-je ! Quand je l'ai regardé tout à l'heure, j'ai lu sa mort dans ses yeux. Voyez, il fait voler notre voiture ; cet homme est trop pressé de se battre ; il a peur. Mais n'en parlons plus, c'est lui qui le veut.

— Maintenant, ajouta-t-il avec un accent presque moqueur, je veux me justifier à vos yeux de ce que vous appelez tous, sans doute, mon crime. Les circonstances seules m'en ont inspiré la pensée, et seules elles prêtent à mon action un caractère affreux de profanation. Au fond, je me crois moins coupable d'une demi-heure de délire que cet homme qui veut de ma vie, et qui depuis six mois marche avec persévérance dans une voie de séduction. Dans le peu d'entretiens que vous avez eus avec moi, vous avez pu juger des pensées qui me tourmentaient, et vous avez dû être moins surpris de ma vive exclamation et de mon violent désir de visiter cette singulière chambre. J'y étais à peine arrivé que, que par une réflexion inouïe, moi qui ne vis guère que d'illusions, je me trouvai ramené soudainement à la réalité. Je levai les yeux sur Jeannette ; elle me considérait attentivement, et son âme était, à ce que je pus croire, bien loin du respect qu'attendait ce lieu révéré.

Luizzi écoutait cet homme qui s'attribuait l'honneur de sa mauvaise action, tandis qu'il savait, lui, qu'il n'avait été que le jouet d'un caprice du démon. La mouche riait sur le nez de Fernand ; cependant celui-ci passa sa main sur son front d'une manière très-dramatique, et en parlant d'une voix profonde, il continua :

— Jeannette n'est point une fille ordinaire ; aussi ne puis-je savoir laquelle de toutes les voix que je fis entendre à son âme y fut écoutée. Quoiqu'on ait trouvé l'or que je lui ai donné, je ne puis croire qu'elle se soit vendue. Il y avait en elle une pensée qui répondait à la mienne.

La mouche riait toujours.

— Je le saurai, dit Fernand violemment; je la reverrai, car cette fille m'appartient; je l'ai payée du repos de ma vie, je vais encore la payer de la vie d'un homme. La malheureuse! s'écria Fernand en ricanant tragiquement; savez-vous que ce mot qu'elle a dit en tombant, c'est moi qui l'ai jeté dans son âme? c'est moi qui, pour adieu, et lorsqu'un tigre aurait eu pitié de l'horreur de ses sanglots, lui ai crié en la quittant :

— Tu es damnée!

Luizzi tressaillit. Il regarda Fernand comme pour s'assurer si ce n'était pas Satan lui-même qui avait pris ce masque et ces traits. La mouche riait en le piquant avec acharnement. Il sembla à Luizzi que M. Fernand jouait la comédie, et qu'il faisait d'un grossier désir de jeune homme un épisode romanesque de poëme satanique.

Il voulut s'en assurer, et repartit d'un ton plein de conviction :

— Ah! c'est épouvantable!

— Que voulez-vous? reprit Fernand sans s'émouvoir : la pensée de lutter avec le Seigneur, l'orgueil d'insulter à son sanctuaire et de flétrir à sa face, et sans qu'on pût la défendre, sa plus belle et douce créature, tout ce délire m'a brûlé comme un feu de l'enfer, et j'ai rêvé que le Satan de Milton n'était pas impossible.

Luizzi se troubla malgré lui à cette parole, et regarda l'Indien de Berlin qui secoua paisiblement la cendre d'un cigare, en disant :

— La petite était assez jolie sans que le Diable se mêlât de la partie.

La mouche regarda de Merin de travers, comme pour prendre acte de cette incrédulité.

— Nous sommes arrivés! cria Henri en ce moment, et il jeta les rênes à un palefrenier, appela le conducteur et prit ses pistolets.

Qui de nous n'a été témoin d'un duel? qui n'a senti dans son âme cette angoisse que donne la certitude d'une existence qui va s'éteindre? À peine si Luizzi connaissait Fernand, et cependant il obéit à toutes ses volontés comme à celles de l'ami le plus intime. Bientôt tout ce qui appartenait à Fernand fut remis au baron. Une chaise de poste fut attelée, et Armand se rendit auprès de Henri. Il était assis sur une pierre, la tête entre les mains. Luizzi regarda ce jeune homme, et il se prit de peur pour lui en se rappelant l'attitude bien différente de Fernand. Il appela le conducteur, et cherchant à concilier l'affaire :

— Laisserons-nous ces jeunes gens se tuer, lui dit-il, pour une fille d'auberge?

— Une fille d'auberge ! répondit le conducteur; assurément c'est son état, quoiqu'on puisse dire qu'elle est faite pour être servie plutôt que pour servir les autres... Mais c'est toute une histoire.

— Parlez! s'écria le baron, parlez !

— Ce serait trop long, et puis le temps nous presse : tout ce que je puis vous dire, c'est que mon capitaine a son idée, et que votre jeune homme ne l'aura pas volé.

— Quoi donc?

— La balle qui lui cassera le crâne.

— Prenez garde, reprit Luizzi, si je crains pour quelqu'un, ce n'est pas pour Fernand.

— Lui! dit le conducteur avec un sourire de dédain, un blanc-bec qui n'a pas tiré à la conscription se frotter à un vieux, à un de la garde, à un grognard de Moscou et de Waterloo, car il y était M. Henri, avec ses vingt-cinq ans! et adroit! je lui tiendrais un verre de champagne dans mes dents à trente pas, avec ces pistolets-là, et il ouvrit la boîte d'Henri.

— Ils sont donc bien sûrs? dit à côté des deux interlocuteurs la voix calme de Fernand.

Et les prenant dans ses mains, il en fit jouer les batteries et les remit tranquillement au conducteur.

— Monsieur, dit-il à Luizzi, l'excellence de ces armes m'afflige; elle me force à être impitoyable; je n'ai pas envie de jeter ma vie à ce furieux. Faites les préparatifs.

Henri s'aperçut de l'arrivée de Fernand, il fit un geste silencieux, et les témoins le suivirent. Luizzi comprit qu'entre ces deux hommes il n'y avait pas d'explications possibles. Il reçut des mains de Fernand quelques lettres soigneusement pliées, et dont l'écriture était ferme et pure, et tous arrivèrent dans un petit bois où se trouvait une clairière très-propre au combat.

Les conditions furent que les adversaires se mettraient à trente pas l'un de l'autre, qu'ils marcheraient, à un signal donné, chacun l'espace de dix pas, et qu'ils tireraient à volonté pendant cette marche. Les pistolets chargés avec soin et cachés sous un mouchoir furent donnés par Luizzi aux combattants, qui se posèrent aussitôt à leur place.

Un coup frappé dans la main les avertit, et à peine Fernand avait-il fait un pas que l'on entendit l'explosion d'un pistolet, et on le vit tressaillir et s'arrêter.

— Cet homme est adroit, mais il n'est pas brave, sans cela il m'aurait tué, dit Fernand en montrant son bras droit percé d'une balle; et il reprit son pistolet de la main gauche.

— Dépêchez-vous, cria Henri, nous recommencerons!

— Je ne crois pas, dit sourdement Fernand.

Et soudain, sans profiter du terrain qu'il pouvait gagner, il tira, et Henri tomba frappé au cœur, sans qu'un souffle, une convulsion, vînt attester qu'il avait cessé d'exister.

Une heure après, Fernand était en chaise de poste, et le Diable avait repris sa place auprès du baron, qui l'avait appelé.

— Veux-tu me dire, maître Satan, pourquoi tu as soufflé dans l'âme de ce jeune homme ce désir infâme?

— Ceci est mon secret; d'ailleurs ce n'est pas là une histoire que je puisse te raconter, puisque tu as vu tout ce qui en existe.

— Oui, mais les acteurs de cette histoire ont des antécédents que je voudrais connaître?

— Aucuns. Fille d'auberge, orpheline et jeune; étourdi, gâté par une mauvaise littérature : voilà tout.

— Mais pourquoi les avoir choisis pour cette détestable action?

— Parce que j'ai besoin de deux êtres merveilleusement beaux, afin qu'ils puissent devenir merveilleusement méchants sans qu'on s'en doute.

— Ce qu'ils viennent de faire n'est donc que le commencement d'une vie de mauvaises actions?

— Ou de mauvais idées, ce qui est bien plus subversif de votre morale humaine et ce qui sert bien mieux mes intérêts de Diable. Je donnerais tous les crimes d'un siècle pour une mauvaise idée; aussi je viens de condamner deux êtres d'une nature puissante et active à mener une vie d'exception, une vie exilée du monde, une vie en guerre avec la religion, le mariage et le respect des inégalités sociales. L'un de ces êtres est une femme pleine de passions, de volonté et d'ambition, malgré l'obscurité de son origine. Déjà elle a plus de regret de son avenir perdu que de remords de son crime. Encore huit jours de sagesse dans cette âme pleine de ressources vives et soudaines, et Henri le capitaine devenait son mari, et elle eût fait peut-être d'Henri un homme distingué, considérable, illustre, pour être avec lui une femme distinguée, considérable, illustre. Maintenant cela lui est impossible; car Jeannette n'est pas une de ces filles qui croient le repentir une force. Jetée dans une position perdue, elle voudra imposer cette position au monde.

— Et sans doute pour cela elle poussera Fernand à commettre des fautes graves ou peut-être des crimes?

— Oui, vous devriez, selon votre morale, appeler cela des crimes.

— Me les feras-tu connaître?

— Tu n'auras pas besoin de moi.

— Comment en serais-je informé?

— Tu liras un jour les ouvrages de Fernand, et tu le retrouveras peut-être.

— Comment?

— Je le destine à être homme de lettres.

COMMENCEMENT D'EXPLICATION.

IV.

Le voyage continua, et naturellement la conversation s'établit sur l'événement qui venait de s'accomplir. Chacun en prit occasion de raconter des aventures plus ou moins extraordinaires, dans lesquelles il avait été témoin ou acteur. On comprend aisément que Ganguernet dut être plus fécond qu'un autre en récits de cette espèce. Parmi ceux dont il fatigua le petit cercle de ses auditeurs, il en est un que Luizzi écouta avec un vif intérêt de curiosité.

— C'est une bonne farce, une excellente farce, dit Ganguernet, et je n'ai jamais tant ri de ma vie. Vous devez avoir entendu parler de cela, il y a trois ou quatre ans, vous, monsieur Faynal.

— Hum, hum, dit le notaire, il y a trois ou quatre ans, est-ce qu'il s'est passé quelque chose d'extraordinaire à Pamiers?

— Est-ce qu'il se passe jamais quelque chose d'extraordinaire à Pamiers? dit Ganguernet; c'est à Toulouse, c'est l'histoire de l'abbé Sérac. Vous connaissez l'abbé Sérac?

— Vous voulez dire M. de Sérac, Adrien-Anatole-Jules de Sérac, fils du marquis Sébastien-Louis de Sérac. Si je ne me trompe, je ne connais pas d'autre Sérac vivant encore.

— Eh bien, c'est celui-là même; seulement il paraît que vous le connaissez en sa qualité d'homme, mais non pas en sa qualité de prêtre, ce qui est bien différent.

— La dernière fois que je l'ai vu, dit l'ex-notaire en fronçant le sourcil et en clignant les yeux comme pour regarder au loin dans ses souvenirs ; la dernière fois que je l'ai vu c'était un beau jeune homme de vingt-cinq ans, il y a dix ans de cela, fort amoureux, fort peu disposé à entrer dans les robes noires. Hé! ma foi, je crois que je pourrais bien préciser la date, ajouta le notaire, en appuyant son index sur son front : c'était pardieu l'avant-veille du jour où fut signé le contrat de mariage de mademoiselle Lucy de Cremancé, dont j'étais notaire, avec M. le marquis du Val; et puisque vous m'y faites penser, je me rappelle, à propos de ce mariage, une scène bien extraordinaire, et que je m'en vais vous conter.

— Chacun son tour, s'écria Ganguernet; si vous dites votre histoire, je garde la mienne.

— Comme il vous plaira, reprit monsieur Faynal en se remettant dans son coin ; seulement tâchez de ne pas m'endormir, parce que lorsque je dors je rêve à ma femme, et ce n'est pas la peine alors de l'avoir quittée. D'ailleurs, je ne tiens pas beaucoup à vous faire ce récit, ça me ramène à un temps qui a été si malheureux, si malheureux pour moi, le temps où j'étais notaire, que je ne suis pas plus pressé d'en parler ou d'en entendre parler qu'un galérien du bagne.

— Pardon, monsieur, dit Luizzi, je crois que votre histoire sera fort intéressante, et je serai, pour ma part, très-charmé de vous l'entendre dire; ça n'empêchera pas monsieur Ganguernet de raconter la sienne.

Et Ganguernet commença ainsi :

UNE ORGIE.

— C'était il y a trois ans à peu près; je me trouvais à Toulouse, un jour de Fête-Dieu où il y avait grande procession. Moi et quelques autres farceurs nous nous étions postés, pour la voir passer, dans une maison dont je ne vous dirai ni la rue, ni le numéro, ni le nom. Une maison entre le ziste et le zeste, où il se vendait beaucoup de choses prohibées, mais que la douane n'a pas l'habitude de saisir. Au rez-de-chaussée et à côté de l'allée, un café estaminet; au premier, un magasin de bretelles, de cols et de cravates, tenu par les deux sœurs de vingt à vingt-deux ans; au second, magasin de cols, de cravates et de bretelles, tenu par trois amies intimes de vingt-cinq à trente, plus une vieille femme; au troisième, magasin de cravates, de bretelles et de cols, tenu par deux grisettes dont j'ignore absolument l'âge et la tournure, ce qui d'ailleurs serait fort inutile à vous narrer; puisqu'elles ne furent pas de notre farce; c'est seulement pour vous faire comprendre que la maison était bien habitée, et que la marchandise n'y manquait pas.

Seulement plus le magasin montait, plus les marchandises baissaient... Vous comprenez le calembour... Ganguernet rit tout seul; la femme qui était dans le coin lui lança un regard qui perça le voile épais dont elle se cachait. Cependant le farceur continua.

Nous nous étions réunis quatre ou cinq bons vivants, et nous avions dit au second : tu descendras au premier; ou au premier : tu monteras au second; parce qu'au premier ou au second, comme vous le voudrez, il y aura noçces et festins, jambons et pâtés, volailles et godivaux, blanquette, vin de Roussillon et punch en abondance, ce qu'on appelle un beau gueuleton !

Bien que le premier et le second fussent en dispute éternelle, parce qu'on s'arrachait souvent les chalands sur les marches de l'escalier, du moment qu'il s'agit de manger, on s'entendit à merveille. J'en suis fâché pour le sexe de madame, ajouta Ganguernet en s'inclinant vers la femme qui occupait un des coins de la voiture, et qui n'avait pas levé son voile; j'en suis fâché pour le sexe de madame, mais la femme est gourmande de sa nature. Je ne sais pas si les duchesses et les marquises aiment la bonne chère et le riquiqui, mais je ne connais rien de vorace comme une grisette devant une table bien servie; ça absorbe les ailes de poulets comme un conducteur de diligence, et ça boit sa goutte comme des Invalides. Mais ce n'est pas là l'affaire; il suffit de dire qu'à neuf heures du matin la table était servie, les vins à la glace, et que moi et mes camarades nous nous étions faufilés au premier de ladite maison en passant par l'estaminet, sous prétexte d'acheter un cigare, parce que tout en s'amusant il faut encore garder les apparences.

Or la procession était en train de défiler, les jeunes personnes à leurs fenêtres faisaient des mines aux officiers de la garnison, tandis que nous étions prudemment à une fenêtre à côté, regardant passer le bon Dieu à travers un rideau, lorsque tout à coup le ciel devient noir comme de l'encre, et en moins de rien voilà un pluie battante qui inonde et disperse la procession.

Cela fut si rapide, et la pluie tomba avec tant d'abondance, que chacun se réfugia au hasard dans la première porte ouverte qu'il trouva devant lui. Plusieurs personnes, parmi lesquelles un prêtre, entrèrent dans l'allée de notre maison, beaucoup d'autres les y suivirent, de façon que les premiers arrivés furent refoulés jusqu'au pied de l'escalier. En me penchant par-dessus la rampe je vois le calotin qui était entré à la première goutte, et tout de suite il me pousse l'idée d'une farce excellente.

— Il faut que le curé déjeune avec nous! me dis-je aussitôt.

Je fais part de mon projet aux camarades des deux sexes, et je suis applaudi avec transport.

Je recommande à tous une tenue décente et pleine de modestie, et moi-même je donne à mon visage un air de sainte componction; je descends auprès de notre abbé. — Mon Dieu, monsieur, lui dis-je, cette place est bien peu convenable; et si vous vouliez monter chez nous, attendre que l'orage fût passé, nous serions très-honorés, ma femme et moi, d'avoir pu vous donner un asile.

— Je vous remercie de votre obligeance, me répondit-il, j'attendrai fort bien où je suis.

J'insistai en lui disant que son refus nous ferait beaucoup de peine, et le pauvre homme finit par me suivre, rien que pour ne pas me désobliger. O prêtre, que tu es bête!

Au moment où il passa la porte et entra dans l'atelier de nos demoiselles, j'étendis la main sur lui, et je me dis en moi-même : prêtre, mon ami, si tu n'es pas damné en sortant d'ici, je veux y perdre mon âme au lieu de la tienne. Sur ce, je prends ma vieille par la main, et je dis au curé : J'ai l'honneur de vous présenter madame Gribou, mon épouse. Gribou est un nom que je me suis fait pour éviter au mien le désagrément de certaines connaissances, et que je prends dans mes voyages grivois; quant à Mariette, c'était une épouse d'occasion à laquelle j'avoue qu'il ne manquait que le sacrement pour m'être unie par tous les liens possibles : c'était dans ce temps-là une belle fille avec de grands yeux noirs fendus en amande, des lèvres rouges, épaisses comme des cerises, des cheveux superbes, une taille de reine avec tous ses accessoires, et qui portait avec elle un entrain d'amour, de joie et de bombance que je ne puis vous dire ; je n'ai jamais pu toucher du bout du doigt la peau brune et veloutée de cette femme, sans en être frappé comme d'un coup d'électricité amoureuse.

Au premier regard qu'elle jeta sur l'abbé,

je vis qu'elle entrait très-parfaitement dans les intentions du tour que je lui voulais jouer.

L'abbé était un beau garçon, cuivré comme un mulâtre, avec une épaisse forêt de cheveux, et qui, pour une fille comme Mariette, valait bien la peine de lui apprendre autre chose que le mystère de l'Eucharistie. D'abord je fus un peu vexé, et j'aurais aimé autant que ce fût une des autres qui se fût chargée de la leçon; mais enfin comme l'idée venait de moi, je ne pouvais pas demander à un de ces messieurs de se sacrifier à ma place; seulement Mariette m'avait semblé accepter son emploi avec trop de facilité.

Quoi qu'il en soit, la farce me paraissait trop bonne pour y renoncer en aucune façon, et nous commençâmes le feu. D'abord l'abbé avait très-chaud, attendu qu'il portait une chasuble où il y avait bien vingt livres d'or pesant; nous lui offrîmes de se rafraîchir, et, sous prétexte d'un verre d'eau et de vin, je lui arrangeai une petite boisson amalgamée de vin de Roussillon, de blanquette de

Limoux et d'eau-de-vie ; il y avait de quoi griser un mulet. Le pauvre prêtre avala le tout sans y faire trop d'attention ; mais une minute après, je le vis devenir tout rouge de pâle qu'il était, et ses yeux me semblèrent papilloter légèrement.

— Vous souffrez, monsieur l'abbé? lui dis-je, d'un air tout doux et tout patelin.

— Oui, me répondit-il, ce vin m'a fait mal.

— Ce n'est pas étonnant, répliquai-je aussitôt, vous êtes peut-être à jeun, et le vin fait toujours cet effet-là sur un estomac vide. Si vous vouliez me faire l'honneur de prendre quelque chose, vous verriez que cela se passerait tout de suite.

Il eut la bêtise de me croire et daigna prendre place à notre table ; je n'en voulais pas davantage, et je le mis entre moi et Mariette. La table était très-étroite, de manière que, pendant que du côté gauche je lui versais un peu de vin de ma façon, ma Mariette lui faisait du côté droit des agaceries de la sienne. Il y a une chose que je ne puis pas vous dire, parce qu'il y a des choses qu'il faut voir, c'est la figure de ce pauvre homme, entre ma bouteille préparée et les yeux de Mariette; le Diable tombé dans un bénitier n'aurait pas été plus embarrassé.

Je voyais la tête qui s'en allait peu à peu, et enfin je compris que les choses étaient montées à un point satisfaisant, lorsque j'aperçus qu'il avait oublié sa main dans la main de sa voisine. Au lieu de nous regarder, comme il faisait un moment avant, avec des yeux tout effarés, il considérait Mariette d'un air qui eût pu la faire devenir plus rouge qu'elle n'était, si c'eût été possible; car je crois que la farceuse s'était grimpée aussi de bonne foi, et, qu'outre la beauté de l'abbé qui l'avait charmée de prime abord, elle avait un peu bu dans son verre de ce vin d'apothicaire, que j'avais si bien arrangé.

Sûr à peu près de mon affaire, je fais signe aux autres, et les voilà qui se lèvent, celui-ci pour aller regarder à la fenêtre, celui-là pour aller chercher une bouteille, l'une des femmes, sous prétexte d'apporter du sucre, toutefois, les uns après les autres, pour n'avoir l'air de rien; jusqu'à moi, qui en sortant fermai la porte à double tour, quoique assurément la précaution fût bien inutile; l'abbé n'était pas dans des mains à le laisser échapper, et je connaissais trop Mariette pour n'être pas sûr qu'il sortirait de chez elle damné comme un juif.

— Quoi! dit Luizzi, en interrompant le récit de Ganguernet, vous avez usé de pareils moyens pour commettre un crime si abominable?

— Allons donc! dit Ganguernet, histoire de rire, mon cher monsieur; est-ce que vous croyez à la vertu de tous ces farceurs de prêtres, qui ont des nièces et des petits-neveux, dont ils font des enfants de chœur? Celui-là était peut-être assez jeune pour croire encore à toutes les bêtises de la religion, mais ça ne lui aurait pas duré longtemps, et si ce n'eût pas été Mariette, ç'aurait été quelque vieille dévote qui l'aurait déniaisé d'une manière moins agréable. D'ailleurs, moi, je ne cache pas mon opinion; je suis libéral et je déteste les jésuites, et je ne me repentirai jamais d'avoir fait une bonne charge à des gueux qui voudraient rétablir chez nous la dîme et les billets de confession.

— Mais, dit Luizzi, avec une vive impatience, car il sentait que lui moins qu'un autre pouvait répondre à l'inepte grossièreté de cet homme, mais enfin qu'arrivera-t-il de tout cela ?

— Ah ! voici le drôle de l'affaire, répondit Ganguernet. Après avoir laissé passer une heure ou deux pour donner aux fumées du vin et autres le temps de s'évaporer, je descendis dans l'estaminet, et là, tout en buvant un petit verre d'eau-de-vie, et en jouant une partie de dominos, je me mis à raconter d'un air tout à fait détaché et sans prétention, qu'en descendant du second il m'avait semblé entendre chez Mariette une voix inconnue : Je ne suis pas jaloux, ajoutai-je d'un air mortifié, mais j'ai regardé par le trou de la serrure, et je parierais cent doubles pistoles en bon or d'Espagne contre deux pièces de six liards, que j'ai vu une chasuble de prêtre sur une chaise en face de la porte.

— C'est impossible !

— C'est une farce.

— C'est une craque.

— C'est ci.

— C'est l'autre, s'écriait-on de tous côtés.

— Je ne sais pas, répondis-je ; mais je parie deux bols de punch qu'il y a du prêtre là-haut.

— Je serais trop content de les payer, répondit un autre, pour ne pas les parier si j'étais sûr de les perdre.

— Et moi aussi, lui dis-je, je les paierais bien volontiers pour que Mariette n'ait pas fait un coup comme celui-là.

— Et moi, j'en paierais dix, et je donnerais cent francs pour qu'elle l'eût fait. Oh ! si jamais je peux attraper un de ces calottins qui ont fait donner l'héritage de ma tante à l'hôpital de la ville, il en recevra une suée, le gredin !...

— Eh bien ! soit, parions, lui dis-je.

— Parions.

Qui fut dit fut fait.

Pendant ce temps, tous les gens du café, il y en avait bien une trentaine, s'étaient amassés autour de notre table; on avait fixé le pari à dix bols de punch pour toute la société.

— Or, je dis, puisque toute la société est du régal, il faut qu'elle soit témoin de la chose.

Ça parut juste à tout le monde, et nous voilà gagnant l'escalier par l'arrière-boutique, et montant tous à pas de loup jusqu'au premier. J'avais pris une bonne précaution ; après avoir fermé la porte, j'avais mis la clef sous le paillasson; en piétinant, me dis-je, ils la sentiront, ils la trouveront et ils s'en serviront.

Bien m'en avait pris, car, à vrai dire, on ne voyait rien à travers la serrure, et on allait décider que je m'étais trompé, quand celui qui avait autant envie de perdre que moi de gagner découvrit la fameuse clef; il s'en empara et ouvrit la porte. La première chose que nous vîmes en effet fut le bonnet carré de l'abbé; nous nous précipitâmes tous vers la porte de la chambre de Mariette ; mais il paraît qu'on nous avait entendus, car les verrous étaient tirés, et nous ne pûmes surprendre le couple *flagrante delicto*, comme on dit dans le *jus ro-*

manum. Mon parieur voulait à toutes forces enfoncer la porte, et comme je voyais l'affaire en bon train, sans avoir besoin de m'en mêler plus longtemps, je redescendis dans l'estaminet. Tout le monde n'était pas monté avec nous, quelques-uns de ceux qui étaient dans le café étaient demeurés à causer sur la porte. Peu à peu ils en avaient amassé d'autres, des connaissances, des amis qui passaient, et déjà il se formait un groupe assez nombreux, où on s'entretenait de ce qui arrivait en haut. Comme je n'aime pas à rester dans les bagarres quand je suppose que cela peut aller aux coups, j'allai me poster de l'autre côté de la rue pour voir l'effet de ma petite comédie. Ceux du premier criaient comme des enragés en frappant à la porte de Mariette, et ceux du rez-de-chaussée leur répondaient en criant :

— Jetez-nous le prêtre !

— Mais, monsieur, c'eût été un assassinat, dit Luizzi.

— Bon ! dit Ganguernet, histoire de rire ; d'ailleurs l'étage n'était pas haut, et puis, les prêtres c'est comme les chats, ça retombe toujours sur les jambes, et celui-là en est une fameuse preuve, car s'il ne sauta pas par la fenêtre de la rue, il sauta par la fenêtre du jardin ; si bien qu'au bout d'une demi-heure, et quand il y avait déjà plus de quatre ou cinq mille personnes dans la rue qui hurlaient comme des enragés, la police étant arrivée, et ayant forcé la porte de Mariette, on trouva l'oiseau déniché. Mais il avait laissé ses plumes dans la cage, et si elles ne purent pas faire reconnaître l'individu, elles apprirent du moins de quelle espèce il était.

— Ainsi, dit Luizzi, on ne trouva pas l'abbé de Sérac ; mais comment sut-on que c'était lui ?

— Pardieu, répondit Ganguernet, on le sut, parce que je le reconnus deux jours après, dans l'église de Saint-Sernin, où je le rencontrai dans un coin priant et pleurant comme un fou. Il me reconnut aussi, car il se leva, et je ne sais, si nous eussions été dans un endroit écarté, s'il n'eût pas essayé de prendre sa revanche.

— Et peut-être n'eût-il pas eu tort, dit Luizzi.

— C'est possible, repartit Ganguernet, mais je vous garantis que je l'aurais ramené à la raison, après la lui avoir fait perdre. Après tout, ça ne lui a pas fait grand mal, ça ne l'a pas empêché d'être nommé grand-vicaire, parce que sa famille a assoupi l'affaire, et surtout parce que les jésuites n'ont pas voulu donner aux libéraux la satisfaction de voir punir un prêtre. On ne l'a pas même envoyé un mois ou deux en retraite : c'eût été reconnaître le coupable et le désigner au mépris public qu'il avait certes bien mérité.

— Vous trouvez? dit Luizzi.

— Enfin, dit Ganguernet, sans faire attention à l'interruption de Luizzi, il y a gagné de savoir ce qu'il ne savait peut-être pas, et d'avoir eu pour maîtresse la plus belle fille de Toulouse.

— Quoi! reprit Luizzi, l'abbé de Sérac a revu cette Mariette?

— Si bien, repartit Ganguernet, que j'ai été obligé un soir de le mettre à la porte à grands coups de pied.

— Si bien, repartit la femme voilée qui était remontée dans la voiture, qu'il vous a jeté au bas de l'escalier un jour que vous vouliez entrer chez Mariette.

Ganguernet et Luizzi tressaillirent à cette voix qu'il leur sembla reconnaître, et tous deux sans doute allaient interroger la femme voilée qui se cachait dans son coin, lorsque le notaire, à qui l'histoire de Ganguernet avait donné l'envie de raconter la sienne, leur dit d'un ton doctoral.

— Voilà qui est très-drôle ; mais ce que vous ne savez pas assurément, c'est le motif pour lequel M. de Sérac s'est fait prêtre ?

— Vous le savez ? s'écria Luizzi, qui croyait voir s'éclaircir pour lui le mystère dont était entourée l'histoire de la malheureuse Lucy.

— Hum ! dit le notaire, je le sais, ce n'est pas là le mot ; mais il me semble que je le devine, car voici ce qui se passa le jour même du mariage de mademoiselle Lucy de Cremancé avec le marquis du Val.

COSI FAN TUTTE.

V.

— Voyons, voyons, dit Armand.

Et l'ex-notaire commença ainsi :

— Comme vous le savez, ce mariage eut lieu durant les cent-jours. M. le comte de Cremancé, père de mademoiselle Lucy, avait fait comme tant d'autres nobles, je suis bien fâché de le dire devant monsieur le baron, et s'était dévoué tout entier au service de ce gueux de *Bu-o-na-par-té*.

(Nous écrivons ce nom de la manière qu'on vient de voir, pour montrer comment le prononçait M. Faynal.)

Or, quand il revint de l'armée, en 1814, après la chute de ce brigand de *Bu-o-na-par-té*, il trouva que sa femme, qu'il avait laissée à Toulouse pour faire les honneurs de sa maison pendant qu'il allait faire la guerre avec l'usurpateur, avait pour habitude de recevoir tous les jours M. le marquis du Val. Le général Cremancé, car il était devenu général au service de cet infâme *Bu-o-na-par-té*, demanda à sa femme ce que le marquis du Val venait faire si souvent chez elle. Madame de Cremancé, une créole qui n'avait peur ni de Dieu ni du Diable quand il lui prenait fantaisie de quelque chose, mais qui avait une grande peur de M. de Cremancé son mari, parce qu'il lui aurait rompu les jambes et les bras, immédiatement et tout de suite, s'il s'était douté, pendant une seconde seulement, de ce que le marquis du Val venait faire chez lui, madame de Cremancé répondit donc à la question du général, que M. du Val venait tous les jours dans sa maison pour faire la cour à mademoiselle Lucy.

— Puisqu'il y est venu pour cela tous les jours, répondit le général, il y est venu trop souvent pour qu'il ne l'épouse pas.

Dans le premier moment, ça ne fit pas grand effet à madame de Cremancé, parce qu'elle s'imagina qu'avec un peu de câlinage et de cajolerie elle ferait revenir son mari de cette résolution. Mais le mari était entêté comme un âne gris, et méchant comme un âne rouge; il avait dit : Le marquis du Val épousera ma fille, et il fallut bien qu'il l'épousât. Madame de Cremancé n'y consentit qu'en apparence, parce qu'elle était encore très-amoureuse du marquis; mais celui-ci y consentit tout à fait, attendu qu'il n'était plus amoureux de madame de Cremancé. Cependant il joua assez bien la comédie pour faire croire à la mère qu'il n'épousait sa fille que pour sauver son honneur.

Tant que la comtesse fut dans cette croyance, elle laissa aller les choses, elle les aida même, car elle chassa de chez elle M. de Sérac, à qui elle avait déjà promis la main de sa fille en l'absence du général; et, malgré les désespoirs de mademoiselle Lucy, elle la força à accepter un mariage que la pauvre enfant détestait, sans toutefois prévoir combien il la rendrait malheureuse.

Cependant les choses marchaient, et l'on arriva au jour de la signature du contrat. Il paraît que ce jour-là madame de Cremancé s'était aperçue que ce qu'elle croyait un sacrifice de la part du marquis était un véritable bonheur pour lui; il paraît qu'elle l'entendit parler à mademoiselle Lucy d'un ton où il y avait plus d'amour qu'elle n'en avait jamais inspiré à son amant. Et pourtant, il n'y avait pas moyen de rompre : les parents, les témoins étaient invités des deux côtés, les contrats étaient passés, et le soir on devait en faire la lecture en présence des deux familles.

Je vivrais cent ans que je me rappellerais ce

jour comme s'il était d'hier. C'était dans le grand salon de l'hôtel de M. de Cremancé. Toute la famille était en cercle, le général au milieu, étendu sur une chaise longue ; car il avait été pris d'une violente attaque de goutte, et il lui fallut un grand courage pour quitter son lit et venir assister à la lecture du contrat. Mon confrère Barnet fit cette lecture qui n'était que de pure forme, et aussitôt qu'elle fut achevée les mariés signèrent, le général, sa femme et ses parents après eux.

A peine le général eut-il apposé sa signature au bas du contrat, qu'il s'excusa sur sa santé ; quatre domestiques le portèrent du rez-de-chaussée au premier étage, où était sa chambre à coucher. Immédiatement après, les parents se retirèrent, et nous restâmes seuls dans le salon, madame de Cremancé, sa fille, le marquis, mon collègue Barnet et moi.

Pendant toute la soirée, madame de Cremancé n'avait pas prononcé un seul mot ; mais j'avais remarqué que son regard semblait égaré comme celui d'un fou : lorsqu'elle avait signé, elle était si troublée qu'elle ne voyait pas la place où elle devait écrire, et que sa main laissa deux fois tomber la plume avant de pouvoir s'en servir.

Voici comment nous étions posés : j'étais assis devant la table, sur laquelle je rangeais les contrats ; le marquis était avec Lucy dans l'embrasure d'une croisée, et semblait s'excuser de devenir son mari, tandis que la pauvre fille ne pouvait s'empêcher de pleurer ; à l'autre coin du salon, Barnet expliquait à madame de Cremancé les avantages énormes que ce contrat assurait à sa fille, tandis que celle-ci, au lieu de l'écouter, tenait ses yeux ardents fixés sur sa fille et son futur gendre.

Comme j'observais l'expression sinistre de son visage, je la vois quitter soudainement M. Barnet et s'élancer vers le marquis, à qui elle arrache la main de sa fille dont il s'était emparé, en lui disant :

— Vous mentez, monsieur, vous mentez, vous n'aimez pas cette fille, vous ne pouvez pas l'aimer, ou vous êtes un infâme.

— Je l'aime ! repartit violemment le marquis.

— Eh bien ! si tu l'aimes, reprit madame de Cremancé, tu ne l'épouseras pas.

— Je vous jure que je l'épouserai.

— Tu ne l'épouseras pas, repartit madame de Cremancé, arrivée à un état d'exaspération qui tenait de la folie, tu ne l'épouseras pas ! Ma fille, reprit-elle en s'adressant à la tremblante Lucy, regardez bien cet homme, cet homme a été mon amant, cet homme a été l'amant de votre mère, voulez-vous en faire votre mari?

Tout cela fut l'affaire d'un éclair, et nous nous regardions, Barnet et moi, épouvantés de ce que nous venions d'entendre, quand nous vîmes la malheureuse Lucy tomber aux genoux de sa mère, en lui criant :

— Madame, madame, ne dites pas cela ; d'autres que moi pourraient vous entendre et vous croire. Mon père pourrait vous entendre.

— Eh bien ! qu'il vienne et qu'il m'entende, répondit madame de Cremancé, qu'il vienne et qu'il me tue ! car si cet homme est assez infâme pour vous épouser, et vous, ma fille, assez infâme pour y consentir; eh bien! lui, du moins, ne permettra pas cet abominable inceste.

On eût dit que son sang de créole était monté à la tête de cette femme ; car elle paraissait ivre de colère et de jalousie. Elle se tourna alors vers le marquis, et lui dit d'une voix pleine de rage :

— Tu l'aimes, dis-tu, misérable et ingrat! tu l'aimes ; mais elle ne t'aime pas, elle, du moins! elle en aime un autre auquel elle se donnera comme je me suis donnée à toi ; elle en aime un autre qui te déshonorera, je l'espère, comme tu m'as fait déshonorer mon mari. Elle aime M. de Sérac. Prends garde, prends garde à lui!

Et elle continuait ainsi à accabler le marquis de reproches furieux, tandis que celui-ci s'efforçait vainement de la calmer, et que sa fille, retombée à terre, poussait d'affreux sanglots et de sourds gémissements.

Nous nous étions retirés, Barnet et moi, tout à fait à l'extrémité du salon pour être le moins possible témoins de cette déplorable scène.

Nous étions déjà même résolus à essayer de nous échapper, pour ne pas courir le danger de voir des gens si puissants rougir devant nous, lorsque madame de Cremancé qui, je puis l'attester, était véritablement devenue folle, saisit le bras du marquis et l'entraîna avec force en s'écriant :

— Viens, viens, il faut que mon mari nous voie ensemble, il faut que je lui dise la vérité devant toi.

A ce moment même, la porte du salon s'ouvrit et le général parut. Je ne sais si quelqu'un de vous l'a connu, mais il était impossible de supporter sans baisser les yeux ce regard terne et froid qu'il semblait appuyer sur vous lorsqu'il vous parlait. Enveloppé d'une longue robe de chambre rouge, avec ses longs cheveux tout blancs et ses longues moustaches blanches, il nous fit l'effet d'une apparition : c'était comme le fantôme de la mort qui vient quand on l'appelle avec de certaines paroles. Il s'arrêta sur le seuil de la porte, et dit d'une voix basse, mais dont je n'oublierai jamais l'accent :

— Que se passe-t-il donc ici ?

Il le demandait, et il avait son épée nue à la main, oubliant que c'était assez dire qu'il le savait. Sa fille courut à lui, en lui criant :

— Grâce, grâce, mon père !

Le général se pencha vers elle, et d'une voix dont rien ne peut vous faire comprendre la suppliante et cruelle expression, il répondit à la pauvre Lucy :

— Grâce pour vous, n'est-ce pas, Lucy ? grâce pour vous, n'est-ce pas, ma fille ? parce que vous avez un autre amour dans le cœur, et que vous avez peur que votre père en soit irrité ! mais je sais que cet amour est innocent, et je vous le pardonne : car s'il avait été coupable, si cet amour avait dû laisser planer le plus léger soupçon sur l'honneur d'une femme qui porte mon nom, j'aurais tué cette femme, je la tuerais à l'instant même.

Et en prononçant ces mots, le général fit quelques pas vers madame de Cremancé ; Lucy se jeta au-devant de lui en lui criant :

— Mon père, mon père, mon père ! grâce !

Et son père lui répondit en la recevant dans ses bras, et d'une voix douce mais désolée :

— Oui, ma fille, je vous aurais tuée si vous aviez déshonoré le nom de Cremancé, et comme je ne veux pas que ce nom soit déshonoré...

— J'épouserai le marquis du Val, répondit Lucy, en tombant à genoux devant son père.

— Merci, ma fille, dit le général en laissant échapper son épée ; puis, se tournant vers nous, il ajouta d'une voix calme : — A demain, messieurs, je vous invite à la cérémonie.

Nous étions à peine à quelques pas de la porte du salon, que le général fut pris d'une douleur si violente à la poitrine qu'on fut obligé de le coucher en toute hâte sur des matelas, et qu'on ne put le remonter chez lui.

— Et le mariage se fit le lendemain? dit Luizzi.

— Le mariage se fit le lendemain, repartit l'ex-notaire. Deux jours après M. de Cremancé était mort, sa femme avait quitté Toulouse ; et le jeune Sérac était entré dans un séminaire pour se faire prêtre.

VI.

Suite.

Luizzi avait écouté avec un vif intérêt cette lamentable histoire. La diligence venait de s'arrêter au pied d'une montée très-longue et très-raide : tous les voyageurs étaient descendus, et Armand cheminait à côté du notaire en se laissant aller aux sombres réflexions que ce récit lui avait inspirées, quand Ganguernet, qui voulait prendre les devants pour aller boire quelques petits verres de rhum dans un bouchon qu'on apercevait en haut de la montée, lui dit en passant :

— Il paraît que l'histoire du notaire vous a touché au cœur, monsieur le baron ?

— En effet, reprit Faynal, elle paraît vous préoccuper beaucoup.

— C'est qu'elle a commencé à me dévoiler le secret d'un malheur et d'un égarement que je ne pouvais comprendre.

— Et que je puis vous expliquer tout à fait, dit la femme silencieuse et voilée de la diligence.

— Vous ?

— Moi ; me reconnaissez-vous, monsieur le baron ?

Et cette femme leva son voile. Luizzi se rappela l'avoir vue, mais il n'eût pu se dire en quel temps ni en quel lieu ; lorsque cette femme ajouta à voix basse :

— Je suis la servante qui vous ai introduit la nuit chez la marquise du Val.

— Mariette ! s'écria Luizzi.

— Oui, Mariette, répondit-elle; c'est mon nom, je l'ai porté comme servante de la marquise, et je le portais aussi quand je fis évader l'abbé de Sérac de ma chambre.

— Quoi! c'était vous? reprit Luizzi, qui allait de surprise en surprise.

— Oui, c'était moi, qui, devenue folle d'amour pour ce prêtre, ne trouvai d'autres moyens de me l'attacher et de le ramener chez moi, que de l'épouvanter de sa faute; puis, lorsque j'eus vaincu sa conscience, de lui faire peu à peu une habitude de la débauche, jusqu'au jour où, devenu plus débauché que moi, il me força à prix d'or et avec des menaces atroces de servir ses infâmes projets.

— Contre qui? dit Luizzi.

— Écoutez, reprit Mariette.

Depuis sept ans que mademoiselle de Cremancé était mariée, depuis sept ans qu'il était prêtre, il l'avait toujours aimée, mais il l'avait aimée d'un amour où le désespoir avait mis presque de l'innocence.

Lorsque l'abbé de Sérac fut devenu l'amant

d'une fille publique, car j'étais une fille publique ou à peu près, quand il eut éteint en lui tout noble sentiment en continuant à se plonger dans des orgies que je ne partageais plus, l'abbé de Sérac aima encore la marquise du Val, mais ce fut d'un amour horrible, d'un amour encore plus sale que criminel.

Hélas ! je n'avais pas prévu jusqu'où pouvait s'emporter l'esprit ardent et le caractère opiniâtre de cet homme, une fois qu'il serait lancé dans une mauvaise route. Je fus la première à porter la peine du vice où je l'avais poussé; il me maltraitait, il me faisait mourir tous les jours de ses frénétiques accès de jalousie, quoiqu'il ne m'aimât pas.

Ce fut six mois après l'aventure que Ganguernet vient de vous raconter, que l'idée de devenir l'amant de la marquise du Val s'empara de cet homme. Pour y parvenir, il me força à entrer comme servante chez elle. Depuis que j'étais à lui, il m'avait fait quitter mon quartier, et m'avait logée dans une petite maison de l'autre côté de l'eau, où il venait tous les soirs déguisé, tantôt en bourgeois, tantôt en militaire, jamais avec le même habit ou le même uniforme, de façon que personne ne pouvait soupçonner que ce fût le même homme qui vînt tous les soirs chez moi. Il me tenait exactement enfermée; il eût pu me tuer que personne ne lui eût demandé ce que j'étais devenue. D'ailleurs il me faisait peur, et je ne sais, s'il m'avait demandé d'aller commettre un crime où j'eusse dû périr, je ne sais si j'aurais osé le refuser. Je fus donc obligée de consentir à ce qu'il voulait; je ne puis dire comment il s'y prit, par quelles vieilles dévotes il me fit recommander, mais dès que je me présentai chez la marquise du Val, je fus acceptée.

Lorsque j'entrai à son service, elle n'était pas heureuse, mais toute réfugiée en Dieu; elle passait son temps en pratiques religieuses, car la pauvre femme n'avait pas même, pour se consoler et se distraire, la plus douce et la plus sainte occupation des femmes, celle d'élever ses enfants.

Luizzi écoutait cette fille, avec non moind'étonnement que d'intérêt; elle s'en aperçut, et continua :

— Mon langage vous étonne, monsieur, mais pendant trois ans que j'ai vécu auprès de la marquise du Val, j'ai appris bien des choses, et bien des sentiments que j'ignorais auparavant. Comme je vous disais, elle était malheureuse; elle n'avait pas d'enfant, car dès le premier jour de son mariage elle s'était séparée de son mari, et jamais il n'a franchi le seuil de la chambre où elle dormait, quand elle dormait.

Oui, monsieur le baron, j'ai appris bien des choses, et celle qui m'a le plus étonnée, c'est de découvrir combien l'esprit et les manières peuvent garder de grâce et d'élégance, quand l'âme et le corps sont jusqu'au fond gangrenés de vices.

J'ai lu quelquefois les lettres que l'abbé de Sérac me forçait de porter à madame du Val, et jamais, je l'avoue, je n'ai vu amour plus pur et plus respectueux s'exprimer avec plus de douceur et de charme. Je remettais avec désespoir ces lettres à la marquise. Après avoir longtemps refusé de les recevoir, l'infortunée avait fini par se laisser persuader par moi qui lui mentais parce que j'avais peur, et qui regrettais le succès de mes paroles, à l'instant même où je venais de tout tenter pour réussir.

Il se passa trois mois avant que la marquise voulût lire une des lettres de l'abbé ; il se passa trois mois encore, quand elle eut consenti à les lire, avant que de permettre à l'abbé de se présenter dans sa maison ; je la poussais malgré moi vers un crime que mon affection pour elle redoutait bien plus que la morale dans laquelle j'avais été élevée ; je n'étais pas épouvantée, moi, que la marquise prît un amant ; je ne pensais pas à un sacrilége en croyant qu'elle pouvait se donner à un prêtre ; je pensais qu'elle allait être la proie d'un misérable qui avait tous les vices et toute la brutalité de ces vices.

Une espérance me soutint cependant : j'espérais en la marquise elle-même ; il me semblait que le jour où cet homme voudrait lui parler un langage qu'elle ne voudrait pas entendre, elle saurait bien le faire taire. Et puis je connaissais si bien la marquise, que je ne pouvais imaginer par quels moyens cet homme pourrait surprendre la vertu d'une femme si pure et si forte à la la fois. Hélas! monsieur le baron, j'avais oublié que je lui avais donné moi-même une leçon bien hideuse.

— Quoi! s'écria Luizzi, ce fut...

— Oui, monsieur, reprit Mariette, ce fut en mêlant des substances pernicieuses dans le peu de vin qu'elle buvait, ce fut en l'enivrant, elle, cette sainte et noble créature, ce fut en l'abrutissant, comme moi je l'avais enivré et abruti, qu'il triompha de sa vertu de femme comme j'avais triomphé de sa vertu de prêtre. Il la prit vierge à son mari, comme je le pris vierge à son Dieu. C'est abominable, n'est-ce pas, monsieur le baron?

Mariette s'arrêta, et Luizzi passa sa main sur ses yeux comme s'il eût été pris d'un éblouissement. Puis il marcha silencieusement près de Mariette qui se taisait. Ce silence fut long : on eût dit que le baron avait besoin de tout ce temps pour mesurer l'infamie de cette action. Enfin il reprit :

— Oh! oui, c'est abominable!

— Mais, ajouta Mariette en baissant la voix, et en se rapprochant de Luizzi, mais une chose que vous ne pourriez concevoir, si elle n'était vraie, et si je ne vous l'attestais sur la vie, c'est que cette femme noble, élégante, jeune, entourée du monde le plus brillant, chercha dans le pouvoir qui l'avait livrée à l'abbé de Sérac l'oubli de la faute qu'il lui avait fait commettre. Elle fit un vice de ce qui avait été un malheur! Dès qu'elle était seule, elle se procurait des liqueurs fortes; elle les volait dans sa maison, malgré ma surveillance; et elle en abusait jusqu'à ce qu'elle tombât sans force et sans raison; car pour elle la force c'était le pouvoir de souffrir, la raison c'était le remords et ses déchirements. Elle a vécu deux ans ainsi, protégée par moi qui la cachais aux yeux du monde et de sa maison, qui aurais voulu la cacher à vos yeux, monsieur le baron; car lorsqu'elle me dit dans un de ces mouvements de folie que ce vice faisait souvent naître en elle:

— Oui, je me débarrasserai de ce bourreau qui me tue, et puisque je n'ai ni un frère ni un mari qui puisse m'arracher à lui, je prendrai un autre amant. Ce matin Luizzi est venu me voir, Luizzi qui me semblait m'aimer quand il était encore enfant, et qui eut aussi sa part de douleur dans ma misère quand je me mariai ; Luizzi est venu me voir ; s'il veut m'aimer, je l'aimerai ; je suis encore assez belle pour qu'il m'aime, n'est-ce pas ? Oh ! oui, reprit-elle, en levant les yeux au ciel et en invoquant Dieu, tant sa folie l'égarait dans ces horribles moments ; oui, je l'aimerai, et vous me pardonnerez cet amour, mon Dieu ; vous le prendrez en pitié ; car s'il ne veut pas m'aimer, je braverai tout à fait votre éternelle damnation ; je me tuerai.

Et c'est parce qu'elle l'eût fait, monsieur, que j'ai été vous attendre à la porte de son hôtel ; que je vous ai introduit près d'elle, en vous faisant échapper à la surveillance de l'abbé de Sérac, que j'avais vu debout en face de la porte où vous alliez vous présenter ; c'est parce qu'elle se fût tuée, que je vous ai laissé pénétrer dans cet oratoire dont un prêtre avait fait un boudoir.

D'ailleurs, je l'avais laissée plus calme ; j'espérai un moment qu'elle oserait tout vous dire, et que vous seriez assez généreux pour la protéger sans la perdre davantage. Mais elle avait profité de mon absence pour s'affermir, comme elle disait, la malheureuse, dans la résolution qu'elle avait prise. Et lorsqu'elle entra dans l'oratoire où vous l'attendiez, monsieur le baron...

Mariette s'arrêta comme n'osant achever sa phrase, et Luizzi reprit lentement :

— Et lorsque l'infortunée se livra à moi au milieu de sanglots et de transports que je ne comprenais pas...

—Elle était ivre, monsieur le baron, elle était ivre !

VII.

A peine Mariette avait-elle prononcé ce mot, qu'une chaise de poste passant rapidement près d'elle et de Luizzi, les força de s'écarter aux cris de *gare!* que poussait le postillon. Luizzi jeta un regard rapide dans la chaise, et reconnut Fernand et Jeannette qui en occupaient le fond. Fernand se pencha à la portière, et criant à Armand sans faire arrêter ses chevaux :

—N'oubliez pas ma lettre à M. de Mareuilles, je vous la recommande : c'est un de mes bons amis.

Par un hasard singulier, Luizzi crut remarquer que la mouche qui avait piqué Fernand ne l'avait point abandonné, et qu'elle avait agité et fait frémir ses ailes au moment où ce jeune homme lui avait fait cette recommandation.

Luizzi était tellement préoccupé de tout ce qu'il venait d'entendre et de tout ce qu'il avait vu, il eût payé si cher un moment de repos et de solitude pour pouvoir réfléchir à son aise, qu'il n'entendit pas le cri de surprise que poussa Mariette en voyant Jeannette dans la chaise de poste. Cependant, tout en causant ainsi, Luizzi était arrivé au sommet de la montagne, et il fallait remonter dans la diligence. Luizzi commençait à croire que le Diable se mêlait de sa vie plus que par des récits ; déjà il soupçonnait que c'était lui qui, probablement fatigué de toujours raconter, l'avait mis dans cette diligence en compagnie de Ganguernet, de l'ex-notaire et de Mariette, lorsqu'il en resta tout à fait persuadé en voyant accourir vers lui Ganguernet qui lui dit :

— En voilà bien d'une autre! le grand essieu de la diligence vient de se casser, et nous en avons pour dix ou douze heures avant que nous puissions repartir ; nous voilà enfermés pour tout ce temps dans une misérable auberge, où il y a tout au plus des œufs pour faire une omelette, et de la piquette et de l'eau-de-vie de pomme de terre pour l'arroser.

— Quoi ! s'écria Luizzi avec impatience, il n'y a pas moyen de réparer plus tôt ce malheur?

— Ma foi! dit Ganguernet, il y en a un pour vous si vous avez de l'argent à perdre et de l'argent à dépenser, c'est-à-dire si vous voulez abandonner le prix de votre place à la diligence, et prendre une berline de poste qui retourne à Paris et qui relaie là-haut.

— Avec plaisir, dit Luizzi, je la prends, et tout de suite, et à tout prix.

— Il paraît que le gousset est bien garni,

dit Ganguernet en frappant sur le ventre de Luizzi.

Cette observation rappela au baron qu'il n'avait point du tout pensé jusque-là à l'état pécuniaire où il se trouvait, et lui fit mettre la main dans sa poche : il en tira quelques poignées d'or. Il ne supposa donc point que ce fût pénurie d'argent, mais des circonstances qui lui restaient inconnues et que le Diable avait fait naître, qui l'avaient forcé à prendre la diligence. Il imagina encore que cette berline de poste ne se trouvait si à propos sur sa route que parce que le Diable avait pris soin de l'y mettre ; et, bien résolu à se laisser guider par lui, il fit décharger ses effets, après avoir, au préalable, examiné sur la feuille du conducteur en quoi ils consistaient, car il l'ignorait absolument. Parmi ces effets se trouva un grand portefeuille enveloppé d'une chemise de cuir, et que le baron ne savait pas posséder. Il se réserva de vérifier son contenu pendant qu'il serait seul dans la berline, et il se sépara de ses compagnons de voyage après avoir donné à Mariette son adresse à Paris.

Une fois qu'il fut seul dans sa voiture, il s'empressa d'ouvrir le portefeuille, et s'aperçut qu'entre autres choses il renfermait des lettres à son adresse, dont il s'empressa de prendre connaissance, bien qu'elles fussent décachetées, et qu'il parût qu'un autre ou bien lui-même les eût déjà lues. La première était signée du procureur du roi de l'arrondissement de... et était ainsi conçue :

« Monsieur le baron,

» Les faits que vous nous annoncez sont d'une
» telle gravité, que j'ai dû en référer à monsieur
» le procureur-général près la Cour royale de
» Toulouse. Une femme enfermée depuis sept
» ans dans une prison, sans que personne en
» ait jamais eu le moindre soupçon, est une
» chose qui passe toute croyance. Dès que j'au-
» rai reçu de monsieur le procureur-général une
» réponse pour savoir ce que je dois penser des
» avis que vous me donnez, je vous transmet-
» trai sa réponse.

» J'ai l'honneur d'être, etc. »

— Oh! oh! fit Luizzi, il paraît que j'ai dénoncé le capitaine Félix : allons, voyons ce qui est arrivé de cette affaire. Il chercha dans son portefeuille, et il ouvrit la lettre suivante : elle commençait ainsi :

« Monsieur, vous êtes un infâme..... »

— C'est le capitaine Félix probablement, se dit Luizzi, et il m'accuse de ce que je n'ai pas voulu laisser son crime impuni. Luizzi fit cette réflexion consolante, et continua la lecture de cette lettre.

« Vous m'avez fait tuer un jeune homme et
» déshonorer une femme qui portait mon nom;
» si vous n'êtes pas un lâche, vous me rendrez
» raison de votre indigne conduite.

Signé DILOIS. »

Cette seconde lettre rendit Luizzi beaucoup plus soucieux que la première, et il désira savoir comment il avait répondu à cette provocation. Pour cela, il chercha dans le portefeuille une lettre qui l'instruisît du résultat de cette affaire ; mais il n'y trouva autre chose que des comptes passés avec ses agents d'affaires et son intendant. Il lui sembla en les examinant qu'il n'avait point du tout négligé ses intérêts, et les avait assurés d'une manière qui l'étonna lui-même. Tout en parcourant, tout en triant ses nombreux papiers, il découvrit dans un coin un fragment de lettre brûlée au bord comme si elle avait été enlevée à la flamme d'un foyer au moment où elle allait être entièrement consumée :

» .... Avant de mourir, l'infortunée
» Lucy m'a appris le secret de ma naissance.
» Fallait il que ce fût vous, Armand, qui fussiez
» l'agent de ma perte et de mon déshonneur !
» Le Ciel est juste.

Signé SOPHIE DILOIS. »

Tout ce qu'Armand fit pour découvrir de nouveaux renseignements dans ses papiers ne servit qu'à l'embrouiller davantage dans cet inextricable dédale d'aventures où il était mêlé : il lui restait bien la ressource d'appeler Satan pour lui demander une explication à ce qu'il venait de lire ; mais outre qu'il n'était pas sûr de l'obtenir, il ne se sentait pas en humeur de recommencer cette vie incessamment agitée qui ne lui avait pas laissé un seul instant de réflexion. Il remit à son arrivée à Paris à apprendre ce qui était advenu de sa dénonciation contre la famille Buré, comment il avait répondu à la provocation de M. Dilois, et pourquoi madame Dilois l'appelait Armand, comme s'il eût été son frère ou son amant.

— Ma foi, se dit le baron en lui-même, ce serait une assez drôle de chose, que dans cette époque de ma vie dont je n'ai aucun souvenir, j'eusse été l'amant de madame Dilois ; j'en suis bien capable. Probablement, j'aurai cherché à me faire pardonner ma sotte indiscrétion, et j'aurai obtenu plus que mon pardon. C'est qu'elle est belle et jolie comme un ange, madame Dilois, et j'ai dû être bien heureux ; comment diable cela s'est-il fait ? En vérité, c'est une chose odieuse que ma situation ! n'avoir pas même le souvenir d'un bonheur qui a dû être plein de charmes, par l'immensité des torts que j'avais eus envers cette femme.

Luizzi s'arrêta à cette réflexion, et, s'éprenant de cette idée, il ajouta :

— Pardieu, je veux un jour m'en donner la joie. Obtenir une femme dont on a blessé la vanité et l'amour ou perdu la position, ce doit être un triomphe adorable. Et si je retrouve jamais madame Dilois, certes, je veux la ramener à moi. Je veux... à moins que cela ne soit déjà fait.

Puis il s'écria avec impatience :

— Oui vraiment, c'est déplorable, et je consens à ce que le diable m'emporte, si jamais je lui donne un seul jour de ma vie, eût-il à me raconter des histoires aussi effrayantes que celles du révérend Mathurin, ou aussi ennuyeuses que les contes du vénérable M. Bouilly.

— Je retiens ta parole, dit une voix qui sembla entrer par une portière et sortir par l'autre, et qui épouvanta tellement Luizzi qu'il n'osa plus pendant près de deux heures, ni bouger, ni parler, ni penser.

Cependant il continua son voyage sans rencontre fâcheuse, et, le 25 février 182. il entra dans Paris, bien décidé à ne plus s'occuper de ce qui s'était passé à Toulouse, à vivre de sa vie passée, et à laisser au hasard le soin de lui découvrir le mystère de tous les événements dont il avait été le témoin depuis qu'il avait fait connaissance avec Satan.

Une résolution qu'il crut prendre aussi très-fermement, ce fut d'appeler le moins possible le Diable à son aide, et surtout de ne se servir sous aucun prétexte, ni pour aucun usage, des renseignements qu'il pourrait en recevoir; et, pour tenir cette résolution, il convint avec lui-même de ne voir aucun des individus qui avaient eu des rapports avec lui durant le voyage qu'il venait de faire.

Luizzi pensa donc à reprendre ses premières habitudes de jeune homme lorsqu'il était à Paris, et à revoir ses anciennes connaissances. Pour ne pas manquer à sa résolution, il se contenta, le soir de son arrivée, de faire remettre à leurs adresses les diverses lettres que Fernand lui avait données, même celle destinée à M. de Mareuilles, bien qu'elle lui eût été particulièrement recommandée.

Luizzi comptait s'être mis ainsi à l'abri de toutes recherches, lorsque, le lendemain même de son arrivée, son valet de chambre lui annonça M. de Mareuilles. Luizzi trouva que c'était un fort beau jeune homme, fort bien mis, et voilà tout, et auquel il se contenta de raconter tout simplement comme quoi il avait servi de témoin à Fernand. Mais il était décidé quelque part que Luizzi ne se débarrasserait pas aussi aisément qu'il le pensait de ce qui tenait au Diable, même par un fil imperceptible. Ainsi, ce M. de Mareuilles, ami de ce Fernand, dont le Diable s'était emparé, se prit d'une véritable passion pour Luizzi, et comme le pauvre baron était l'homme du monde qui savait le moins se débarrasser d'un ennuyeux, il se laissa volontiers accompagner toute la journée par sa nouvelle connaissance au café de Paris, aux Italiens, au bois, partout où vivent les hommes qui n'ont de monde que les hommes.

En même temps, il se laissa conduire dans une maison où M. de Mareuilles était reçu, et bientôt il pensa que le hasard l'avait parfaitement servi, en le mettant en rapport avec un bon garçon fort riche, fort noble et fort niais, mais qui l'introduisait dans des salons où lui Armand était parfaitement inconnu, et dont la fréquentation ne pouvait que le faire considérer comme un homme d'une vie régulière et à l'abri de tout reproche.

Il ne se doutait pas que dans ce monde, aussi bien que dans tout autre, il se présenterait à lui des occasions qui exciteraient sa curiosité, et le remettraient aux griffes de Satan, et que dans sa position il valait encore mieux, pour lui, vivre avec le vice qui marche le front nu, qu'avec celui qui s'habille d'hypocrisie et de faux semblants de vertu. Il est à remarquer que Luizzi n'avait pas encore songé au vrai but de son marché avec le Diable, et que sa destinée exceptionnelle ne l'avait pas affranchi de la loi commune de l'humanité, qui est de subir la vie avant de la juger, et de marcher avant d'avoir choisi une route.

L'aventure qui devait remettre Luizzi en entrevues réglées avec son mentor ne se fit pas attendre.

LES TROIS FAUTEUILS.

VIII.

Deux jours après son arrivée, Luizzi aborda un monde assez peu connu dans Paris, ce fut celui de la finance retirée. Entendons-nous bien : il ne s'agit pas ici de la finance de la restauration, de la finance libérale, qui luttait d'argent avec les grandes fortunes nobiliaires, qui tapissait de soie et d'or ses appartements comblés de commis d'agents de change, au jour des grandes réceptions ; qui, voulant se créer des galeries historiques, se faisait peindre dans une partie de chasse, et admettait le visage de son cocher et celui de son piqueur parmi les portraits de famille ; dont tous les diamants, gauchement étagés sur des femmes riches et criardes, n'ont jamais pu atteindre à la séduction d'un grand air de tête aristocratiquement porté, ou d'un bout de ruban amoureusement lacé dans les cheveux d'une belle fille de l'Opéra. Il s'agit ici d'une autre finance. Celle dont il est question datait de plus loin que la restauration ; elle avait commencé avec le Directoire, et s'était mêlée à ce pillage ravissant des fonds de l'état et des plaisirs de la vie.

En effet, la France, arrivée au Directoire, après la république et la terreur, ressemblait volontiers à une armée qui, après avoir traversé un pays hérissé de précipices, d'ennemis, de coupe-gorges, d'embuscades, où elle a laissé le meilleur de son avant-garde, atteint enfin une ville amie où il y a pour quelques heures abondance et sécurité. Alors, ma foi, c'est un charme de se revoir, de se fêter, de boire, de manger, de rire, de s'embrasser, de danser, bras dessus, bras dessous, pêle-mêle, tous à la fois, sans trop faire attention au rigorisme de la toilette, ni de la tenue, ni des actions ; sans s'occuper ni des regards curieux, ni des propos méchants ; car tout le monde est entraîné dans le même tourbillon.

On va, on court, on se rue au bruit des orchestres, au bruit de l'or des tables de jeu, au bruit des verres qui se choquent ; superbe carnaval, magnifique orgie, où les souvenirs servent d'excuse et de défense contre les souvenirs ; car, si un homme eût dit à un autre :

— Je vous ai rencontré hier, vous étiez gris.

Le dernier pouvait répondre :

— C'est vrai, je m'en souviens, vous étiez ivre.

Car si une femme eût dit à une autre :

— Vous étiez bien déshabillée hier à l'Opéra.

Celle-ci pouvait lui répondre :

— Vous étiez en chemise à Longchamps.

Car si la première eût ajouté :

— Vous avez donc pris le petit Trénis pour amant?

La seconde pouvait répliquer :

— Je ne vous ai jamais rien volé, etc., etc.

Et mille autres choses pleines de délire et d'ivresse, qui ont dû faire de singulières consciences à la plupart de ces femmes devenues vieilles, laides, prudes et dévotes.

Et voici comment cela arriva.

Dans cette belle époque, si décolletée et si transparente, on vit revenir une foule d'émigrés. Beaucoup étaient très-jeunes quand ils avaient quitté la France, et la plupart avaient passé leurs belles années de dix-huit à vingt-cinq ans dans les privations, la misère, et souvent la mauvaise compagnie. Ce fut donc avec un merveilleux entraînement qu'ils se précipitèrent dans ce monde féerique qui mettait les nudités lointaines de l'Opéra à la portée de la main. Ces nouveaux venus avaient peu d'argent; leurs fortunes, ébranlées ou ruinées par la confiscation, n'étaient pas encore rétablies ou refaites. Ils empruntaient donc aux maris, donnaient aux femmes, et engageaient leur avenir pour dorer le présent.

Plus tard, quand l'orgie fut passée, quand les classes commencèrent à se séparer, quand les fortunes se rassirent, la noblesse du faubourg Saint-Germain ne put rompre complétement avec cette finance, à qui elle devait beaucoup en capital et intérêts. On dépense vite les millions ; on les paie lentement. Cette liquidation dura plus longtemps que l'empire. Déjà la haute finance du Directoire s'était peu à peu retirée des affaires. Elle avait habilement cédé les siennes à des commis intelligents qui furent la source de cette finance de la restauration, dont il a été parlé tout à l'heure; mais elle n'accepta ni leur monde malappris, ni leurs mœurs de boutique.

Habituée aux grands noms et aux grandes influences politiques, elle ne put se résoudre à n'admettre que des célébrités de bourse et d'écus, dans ses salons qui avaient été peuplés à la fois des hommes dont les ancêtres avaient fait fût pâle et d'une beauté presque fanée. Luizzi le remarqua, et il remarqua aussi qu'elle était parée avec une élégance parfaite.

Mais ce qui produisit un bien autre effet, c'est que les deux femmes qui occupaient les fauteuils à droite et à gauche de celui dont la nouvelle arrivée venait de s'emparer se levèrent aussitôt et disparurent dans le troisième salon, où les joueurs étaient relégués. Le morceau de chant durait toujours, par conséquent l'insulte était éclatante. Le scandale fut énorme, mais silencieux; les regards seuls s'interrogèrent et se répondirent; la chanteuse acheva son air au milieu d'une inattention universelle.

Quand ce fut fini, madame de Marignon sortit pour rejoindre les deux personnes qui avaient si cruellement insulté la nouvelle venue. Comme maîtresse de maison, elle pouvait tout réparer en allant s'asseoir près de la victime, en causant cinq minutes avec elle; mais bien qu'elle eût paru très-contrariée de ce qui venait de se passer, elle semblait même chez elle ne pas oser prendre la responsabilité de cette réparation.

Luizzi connaissait les deux femmes qui venaient de faire cette étrange algarade, comme on connaît les gens qu'on rencontre dans un salon : le fauteuil de droite était occupé par madame la baronne du Bergh, femme de quarante-cinq ans, renommée pour sa dévotion extrême et ses relations avec les hommes religieux le plus à la mode; on la citait pour sa bienfaisance, la protection qu'elle accordait aux écoles, et l'irréprochabilité de sa conduite. La seconde, celle qui occupait le fauteuil de gauche, était madame de Fantan. Madame de Fatan avait cinquante ans; et sa beauté était si surprenante à son âge, qu'elle avait fait une coquetterie de sa vieillesse. On ne savait rien d'elle, si ce n'est qu'elle avait été fort malheureuse durant un premier mariage, et qu'elle avait dû se séparer de ses enfants. On disait aussi que son union avec M. de Fantan ne lui avait pas fait oublier ses premiers malheurs, et l'on s'étonnait que tant de *charmes* eussent résisté à tant de *larmes*. Du reste c'était pour elle comme pour madame du Bergh une admiration respectueuse pour la manière le *de*) sacrifiait, grâce à l'implacable épigramme des dates, des succès qui ne lui étaient plus permis, mais qui n'avaient pas encore déserté des charmes qui s'étaient mieux maintenus que les siens.

Madame de Marignon recevait beaucoup de monde, et Luizzi fit chez elle des connaissances assez précieuses pour acquérir le droit de saluer aux Italiens ou à l'Opéra ce qu'il y avait de mieux en fait d'hommes dans les meilleures loges. Du reste, les règles de la maison étaient fort sévères. On y faisait de la musique d'artiste; la musique d'amateurs paraissait trop dangereuse à madame de Marignon, qui avait une fille d'une beauté ravissante et d'un talent supérieur. Les chanteurs payés amusaient la compagnie, mais il était interdit à la compagnie de s'y amuser elle-même. On y jouait le whist à cinq cent francs la fiche, mais madame de Marignon n'eût pas toléré un écarté à cent sous; on y dînait beaucoup, on y dansait rarement, on n'y soupait jamais.

Tout semblait si régulier, si ordonné, si tenu

dans cette maison, que Luizzi n'avait pas encore été pris de l'envie de savoir les histoires les plus secrètes de ce monde dans lequel son nom, sa fortune, son luxe, l'avaient fait accueillir à merveille, quoiqu'il y fût inconnu. Voici le petit événement qui lui suggéra cette envie, et qui lui fit agiter la sonnette infernale qui avait mis le Diable à ses ordres.

Un soir qu'il y avait concert chez madame de Marignon, au milieu d'un morceau chanté par madame D....., une femme de trente ans arriva jusqu'à la porte du salon, après avoir imposé silence aux domestiques qui avaient voulu l'annoncer; les hommes qui encombraient la porte se rangèrent, et elle se trouva debout à l'entrée d'un cercle immense. Il restait en face du piano un fauteuil vide : cette femme, que Luizzi ne connaissait pas, traversa le salon en faisant un signe d'excuse à madame de Marignon, qui la salua sans se lever et avec une humeur manifeste, et alla prendre la place inoccupée.

Cette entrée fit effet, quoique cette femme

l'histoire de l'ancienne France et des hommes qui venaient de faire l'histoire de la France nouvelle. Plus tard, quand la restauration arriva, cette finance princière se tourna complétement de son côté. De cette façon, elle garda ses intimes rapports avec le faubourg Saint-Germain, et en copia assez adroitement les grands airs, les grandes prétentions, et plus particulièrement la dévotion luxueuse et extérieure. On y rencontrait, à la vérité, peu de femmes de la très-haute aristocratie; mais on y trouvait les hommes du monde le plus élevé. Beaucoup avaient gardé des relations d'affaires ou d'affection dans cette finance. Il y avait par-ci par-là de belles filles et de beaux garçons qui avaient des figures et des mains de vieilles races nobiliaires, bien que le titre de comte ou de baron de monsieur leur père ne datât que de l'empire, et les grands seigneurs qui prenaient intérêt à eux le faisaient avec une supériorité protectrice si bien entendue, que personne ne cherchait une raison à cette préférence.

Or, de tous les salons qui lui parurent propres à établir la saine réputation dont il avait besoin, Luizzi préféra surtout celui de madame Marignon ou de Marignon, selon que ceux qui en parlaient lui faisaient l'honneur d'aller chez elle ou avaient l'honneur d'y être reçus. Madame de Marignon était à cette époque (182.) une femme de cinquante à soixante ans, d'une taille très-élevée, assez élancée, passablement osseuse, les dents magnifiquement conservées, le visage parcheminé, toujours coiffée de bonnets très-élégamment montés, sur des cheveux gris tenus avec un soin extrême, des yeux étincelants, un nez pincé, des lèvres minces, toujours lacée, serrée, mais n'ayant d'autre parure que des douillettes de superbes étoffes toujours de la même forme; du reste ayant si franchement accepté son rôle de vieille femme, que les hommes lui en savaient un gré infini, et que les femmes de son temps la détestaient cordialement. Elles prétendaient que cet abandon de toute prétention n'était pas sincère ; elles disaient que c'était une vengeance au moyen de laquelle madame Marignon (en ces circonstances on supprimait héroïque dont elles avaient supporté leurs infortunes, et pour l'excellente éducation qu'elles donnaient à leurs enfants, car madame Fantan avait une fille comme la baronne avait un fils.

Luizzi ne chercha donc pas à s'informer de ce côté, croyant n'avoir rien à apprendre, et il demanda le plus naturellement qu'il put à l'un de ses voisins quelle était cette femme qu'on laissait si honteusement isolée entre deux siéges vides.

— Pardieu! lui répondit-on, c'est la comtesse de Farkley.

— Je ne la connais pas.

— La fille naturelle du marquis d'Andeli.

— Ah! fit Luizzi de l'air d'un homme qui n'est pas plus avancé après ce renseignement.

— Eh oui! reprit l'interlocuteur avec impatience, Laura de Farkley, celle dont on a dit si spirituellement *qui la voudra l'aura*. Vous comprenez le calembour?

— Oui, vraiment. Mais c'est son histoire qui me semble curieuse à connaître.

— Son histoire, tout le monde vous la dira.

— Vous avez bien raison de dire tout le monde, reprit un monsieur qui s'introduisit alors dans la conversation sans bouger du carcan de sa cravate blanche dressée à l'empois, élégant fort renommé à cette époque pour le cassé de ses plis et la régularité de ses nœuds ; vous avez bien raison de dire tout le monde, car personne ne peut la savoir complétement.

— Mais, reprit celui auquel Luizzi s'était adressé, voilà Cosmes de Mareuilles, qui a été, dit-on, son amant, qui doit avoir des renseignements exacts à donner à M. Luizzi.

—Bah ! fit l'autre, Cosmes est comme nous tous, il connaît celui qui l'a précédé et celui qui l'a suivi.

—Et celui qui a partagé, peut-être.

— C'est probable, mais il n'est pas homme à faire des recensements ; il faut être très-habile arithméticien pour faire des additions d'une certaine longueur, et ce n'est pas là le talent de Cosmes.

— Je voudrais pourtant savoir, reprit Luizzi.

étranges perplexités qui font souvent de l'homme la plus méchante bête qui existe.

Tout son cœur se révolta d'abord contre l'odieuse accusation que madame de Marignon venait de lancer contre madame de Farkley.

— Quoi! pensa-t-il, elle suppose que cette réponse fort indifférente, faite à une question indifférente, est un avertissement de madame de Farkley? Cela veut me dire qu'on la trouvera cette nuit à l'Opéra, c'est un rendez-vous! Non, c'est impossible; il n'y a pas une femme capable d'une pareille impudeur. Madame de Marignon est aveuglée par une prévention qui lui fait donner un sens détestable aux paroles les plus innocentes. La conduite de madame de Farkley peut avoir été très-légère, très-coupable même; mais de là à se jeter à la tête du premier venu, il y a très-loin. Madame de Farkley est assez jeune et assez élégante pour être sûre d'être au moins désirée et recherchée. On met cette femme plus bas qu'elle ne mérite, car enfin elle ne me connaît pas. Je ne suis pour elle qu'un étranger fort insignifiant...

Ce flot de bonnes pensées qui avait envahi l'esprit de Luizzi s'arrêta tout à coup, car il remarqua les chuchottements dont il était l'objet ; et, par un retour soudain, il s'écria, toujours en lui-même :

— Ah ça, est-ce que je serais un niais? est-ce que je serais le seul à supposer à cette femme une retenue qu'elle n'a pas? Cette fois-ci, comme tant d'autres, perdrais-je l'occasion de quelques heures de plaisir par une trop bonne opinion des autres et une trop mauvaise opinion de moi-même ? Voilà assez souvent que j'ai été trompé par de faux semblants de vertu, pour n'être pas encore abusé par des scrupules qui ne viennent que de moi. J'en veux avoir le cœur net ; allons à l'Opéra.

Que de trahisons, que de lâchetés, que de vanteries cette crainte de passer pour niais a fait commettre à des hommes qui fussent restés sans cela passablement honnêtes! En quittant le salon de madame de Marignon, Luizzi fit une de ces lâchetés. Il prêta au méchant propos de cette femme toute l'authenticité d'une chose certaine, côté de madame Farkley, la maîtresse de la maison parut éprouver contre lui un sentiment de vif mécontentement. Toutefois elle s'approcha de madame Farkley et lui dit d'un ton parfaitement dégagé :

— Je viens vous chercher, ma chère madame Farkley, pour vous demander votre avis sur un cachemire que je veux donner à ma nièce : outre que vous avez un goût exquis, je sais que vous vous y connaissez à merveille.

— Je suis à vos ordres.

— J'abuse de votre obligeance..

— Point du tout.

— Et, à propos, comment se porte M. d'Andeli?

— Toujours bien, comme un homme heureux.

— Il ne vieillit pas?

— Si peu qu'il m'attend cette nuit au bal de l'Opéra.

— Voilà ce qu'on appelle un bon père.

— Oui, vraiment, excellent...

Ce petit dialogue avait lieu pendant que madame de Farkley prenait, sur son fauteuil, une écharpe, un éventail, un bouquet, tout l'élégant attirail d'une femme en habit de bal. Elle quitta le salon avec madame de Marignon. Aussitôt madame de Fantan et madame du Bergh reparurent; puis un moment après, madame de Marignon rentra seule. On ne chasse pas une femme d'un salon plus manifestement qu'on venait de le faire de madame de Farkley. Luizzi était resté à sa place; il se leva quand les deux prudes rentrèrent. Mais on le remercia si sèchement de sa politesse, qu'il devina la haute inconvenance qu'il venait de commettre. Madame de Marignon lui dit beaucoup plus explicitement ce que les regards courroucés des autres lui faisaient supposer. Comme elle passait près de Luizzi, elle se détourna d'un air d'étonnement dédaigneux, et lui dit :

— Comment, vous êtes encore ici ! je croyais que vous aviez un rendez-vous au bal de l'Opéra.

A ce mot, Luizzi tomba dans une de ces

— Ah ! mon cher, s'écria l'un des deux fats, j'aimerais autant vous réciter *les Mille et une Nuits*. D'ailleurs, comme je vous le disais d'abord, personne ne peut vous raconter cette histoire, si ce n'est madame de Farkley elle-même; et encore faudrait-il, pour qu'elle fût exacte, que tous les matins elle en publiât une nouvelle édition, revue, corrigée et surtout augmentée.

Luizzi n'entendit pas cette dernière charmante plaisanterie, car lorsqu'on lui avait dit que madame Farkley pouvait seule raconter son histoire, il avait pensé sur-le-champ qu'il pouvait l'apprendre d'une manière complète de celui qui lui en avait déjà tant conté, et il se réserva de satisfaire sa curiosité.

Mais afin de rendre cette nouvelle épreuve plus profitable que les autres, il voulut d'abord connaître madame Farkley d'elle-même. Il désira savoir quelle espèce de récit elle faisait sur son propre compte. Il supposa que jamais meilleure circonstance ne s'était présentée de mesurer le vice dans son plus haut développement, soit que cette femme portât son inconduite avec une impudence qui bravait tous les outrages, soit qu'elle prétendît la cacher sous une hypocrisie qui semblait ne pas les apercevoir.

Dès qu'il eut pris ce parti, il pénétra dans le salon envahi alors par les hommes, il alla saluer quelques femmes, et, se rapprochant insensiblement de madame Farkley, il s'assit à côté d'elle. Celle-ci ne put s'empêcher de regarder l'homme qui prenait cette place abandonnée. Ce regard de feu, rapide et profond, pénétra Luizzi d'une sorte d'effroi; il lui sembla que ce n'était pas la première fois qu'il subissait le charme de ce regard; il eut même l'idée qu'il avait connu, dans toute sa jeunesse et sa pureté, ce visage pâle et fatigué.

Toutefois, n'ayant rien trouvé dans ses souvenirs à quoi rattacher cette émotion, il se résolut à entamer la conversation. La musique qu'on venait d'entendre était un texte assez naturel. Luizzi commençait une phrase assez insignifiante lorsque madame de Marignon reparut tout à coup dans le salon. En voyant Luizzi à

Le propos avait été entendu ; Luizzi était observé, il fut suivi. Un des fats qui lui avaient si bien parlé de madame de Farkley feignit de sortir en même temps que lui, le laissa passer le premier, et entendit le valet de pied crier au cocher : A l'Opéra. Il rentra tout aussitôt, et vint raconter l'aventure à quatre ou cinq intimes. On en rit assez haut pour que chacun s'informât de cette gaieté presque inconvenante. D'abord on répondit :

— Ce n'est rien, une plaisanterie ! Ce pauvre Luizzi ! il avait l'air d'un triomphateur.... Un bon garçon au fond, mais qui ne mérite guère mieux.

— Mais qu'est-ce donc? dit madame de Marignon.

— Cela ne vaut pas la peine d'être répété.

— Vous parliez de M. de Luizzi?

— De lui comme d'un autre.

— Est-ce qu'il est parti?

Un monsieur fit un signe de tête affirmatif, accompagné d'un sourire si fin que tous les autres en rirent aux éclats.

— Mais qu'est-ce donc? reprit madame de Marignon.

— Il est au bal de l'Opéra, répondit le monsieur en appuyant sur chaque syllabe, pour leur donner un sens très-positif....

— Quelle horreur! s'écria madame de Marignon avec mépris, c'est scandaleux!

— Et surtout de mauvais goût, ajouta Cosmes de Mareuilles.

— Oui, reprit madame de Marignon ; je sais que vous y avez mis plus de mystère.

— Ah! vous me calomniez! dit le fat en se dandinant.

— Je vous calomnie! vous niez donc?

— Eh! non, reprit un autre ; si vous le calomniez, c'est en l'accusant de mystère, il ne s'en est jamais caché.

— Ah, messieurs, messieurs! reprit madame de Marignon de ce ton en partie composé de l'indignation extérieure et de la joie interne que procure à une prude une méchanceté bien articulée.

Puis elle s'éloigna et alla retrouver ses deux

amies. Bientôt s'établit entre elles et quelques personnes qui vinrent se joindre à ce groupe un entretien où les étonnements affectaient les exclamations les plus cruelles, à mesure que madame de Marignon racontait les paroles impudentes de madame de Farkley et le départ de M. de Luizzi. Les plus sévères arrivèrent, contre la malheureuse qu'on avait chassée, à des mots qui ne se trouvent guère qu'au coin des rues. Si Luizzi avait pu entendre cette conversation, il aurait appris un grand secret, c'est celui de la pruderie des termes dans un certain monde. Ainsi, telle femme qui refusera d'entendre raconter l'histoire la moins égrillarde, voilée de mots élégants, acceptera et même dira, au besoin, les paroles les plus grossières, s'il s'agit d'insulter une autre femme et de stigmatiser le vice. Dans cette circonstance, la vertu de madame Fantan poussa ce droit aussi loin que possible.

— Oui, dit-elle à madame de Marignon, oui, elle est venue faire ici le métier que font certaines demoiselles sur les promenades publiques.

— Oh, madame! reprit un homme assez âgé pour avoir connu madame de Fantan dans sa jeunesse.

— Oui, monsieur! s'écria madame Fantan, irritée d'une ombre d'opposition à la justice de ses arrêts, oui, monsieur, madame de Farkley est venue dans ce salon pour y...

— Ho! ho! ho! ne dites pas cela, reprit encore le vieux monsieur en couvrant de ses ho! ho! ho! le mot fatal qui, s'il ne fut pas entendu, fut cependant prononcé.

L'émotion de cet événement fut telle dans le salon de madame de Marignon que tout le talent des chanteurs qui se succédèrent au piano ne put la dominer de longtemps. Quelle excellente musique, en effet, peut valoir une bonne médisance?

Cependant il se passa une chose bien singulière.

Au moment le plus animé des chuchotements et des commentaires, un homme vêtu de noir, le visage maigre et anguleux, le front élevé et étroit, les yeux enfoncés sous d'épais sourcils

et brillants d'une lueur fauve, la bouche mince
et moqueuse, un homme se mit au piano. Dès
qu'il le toucha, tous les regards se tournèrent
vers lui. On eût dit que la corde, au lieu d'être
frappée par le marteau de buffle de l'instrument,
était pincée par une griffe de fer. Le piano criait
et grinçait sous ses doigts redoutables. L'aspect
de cet homme captiva l'attention que son pré-
lude avait appelée; bientôt l'accent sinistre et
railleur de sa voix fit courir un léger frémisse-
ment dans tout le cercle de ses auditeurs, et il
commença l'air de la calomnie du *Barbier*.

Ce mot la *calomnie* retentit avec un tel accent de
sarcasme, que, par un mouvement soudain, tout
le monde se tut. Le chanteur continua avec un
éclat sauvage d'organe et un mordant d'intona-
tion qui glacèrent l'assemblée. Tout le temps
qu'il chanta, il tint ses yeux fauves fixés sur le
trio principal, composé de mesdames du Bergh
et Fantan, qui avaient repris leurs siéges, et de
madame de Marignon, qui s'était mise à la place
de madame de Farkley, comme pour réhabiliter
ette place de la flétrissure qu'elle avait souf-

ferte. C'est ainsi qu'on élève une croix à la place où a été commis un meurtre.

Ce regard railleur, devenu insultant par sa ténacité, sembla épouvanter madame de Marignon, au point qu'elle tenait de ses mains crispées les deux bras de son fauteuil, et se reculait au fond de son siége. On eût dit qu'elle craignait qu'il ne partît de cet œil tendu sur elle un trait brûlant qui vînt l'atteindre à sa place. Enfin, quand le chanteur arriva à la péroraison de cet air, dont la dernière phrase peint avec tant d'énergie le cri de douleur du calomnié et la joie du calomniateur, cet homme donna à son chant une expression si acerbe, à sa voix un éclat si puissant, que les cœurs tressaillirent, et que les cristaux vibrèrent à la fois. C'était un sentiment d'attente et d'anxiété inouï qui s'était emparé de tout ce monde.

Puis, quand le chanteur eut fini, un silence glacé régna pendant quelques secondes, le chanteur salua et disparut dans le premier salon.

Aussitôt, et comme si le charme eût cessé, madame de Marignon se leva, et, s'adressant à celui des musiciens qui était chargé de l'organisation des concerts, lui demanda quel était cet homme. Celui-ci ne le connaissait pas et pensait que c'était un amateur de la société de madame de Marignon. Celle-ci s'informa si cet homme n'avait pas été amené par quelqu'un qui désirait produire un artiste encore ignoré. Personne ne le connaissait. Alors on chercha cet homme lui-même ; on ne put le retrouver ; les domestiques interrogés déclarèrent n'avoir vu sortir personne depuis une demi-heure. On s'inquiéta, et tandis que le salon s'entretenait en tumulte de ce singulier chanteur, les domestiques visitèrent l'appartement ; on ne découvrit rien. Cependant madame de Marignon ne cessait de dire à tout le monde :

— Mais quel peut être cet homme?

— Ma foi, dit un des fats dont nous avons déjà parlé, ce ne peut être qu'un voleur.

— A moins que ce ne soit le Diable, s'écria gaiement le vieillard qui avait voulu arrêter l'élan des propos de madame Fantan.

Ce vulgaire dicton, le plus souvent jeté et accueilli très-indifféremment dans la conversation, fit pâlir madame de Marignon, et, dans son trouble, elle laissa échapper ces paroles :

— Le Diable, quelle idée !...

Presque aussitôt elle se retira. Un moment après on vint annoncer qu'elle était vivement indisposée. Les salons se dépeuplèrent rapidement, et chacun se retira avec un sentiment pénible dans le cœur.

Cependant Luizzi s'était rendu au bal de l'Opéra, ce champ de bataille des beautés de détail; car c'est là, en effet, que triomphent les tailles fines et souples, les mains petites et effilées, les pieds menus et cambrés.

On a fait beaucoup de contes sur les passions nées de toutes ces perfections secondaires, et qui finissent par rencontrer un visage disgracieux qui désenchante tous leurs beaux rêves. Mais il y a un autre sentiment qui n'est possible qu'au bal de l'Opéra, c'est celui qu'éprouve un homme lorsque, après avoir détourné son attention d'une femme médiocre de visage, il découvre en elle des charmes qu'il n'avait pas remarqués.

Autant elle était au-dessous des autres femmes dans un salon, où l'éclat de la fraîcheur, la perfection des traits éclipsaient un teint sans pureté et un visage peu régulier, autant elle leur est supérieure quand elle se trouve dans ce bal de l'Opéra, où le regard, qui ne peut percer le masque, ne cherche que des beautés dédaignées ailleurs. Ce sentiment, Luizzi l'éprouva un peu. D'abord il remarqua un domino femelle qui s'arrêta soudainement à son aspect, et le considéra un moment. Ce ne fut que quelques secondes : le domino reprit sa marche, et suivit le flot des promeneurs. Luizzi était à l'entrée du foyer de l'Opéra, et ce masque se promenait dans le corridor des premières loges. Luizzi le suivit des yeux, et admira d'abord sa taille flottante et gracieuse. Le masque se retourna pour voir Luizzi, et ce corps élancé et flexible se tordit doucement comme une corde de soie. Luizzi attendit que ce masque repassât pour mieux l'examiner. Il regarda les pieds de cette femme : ils étaient minces et élancés, l'éclat de leur blancheur perçait le bas de soie noire dont ils étaient vêtus ; ils se posaient en marchant avec une fermeté élégante ; le pied était à l'aise dans son soulier de satin, et le ruban qui tournait autour de la cheville ne faisait que montrer la rondeur fuselée du bas de la jambe. Cette femme fit plusieurs tours sous l'inspection du regard avide de Luizzi. Le doux balancement de sa démarche, l'élégance de sa taille, la distinction de tout cet ensemble, le frappèrent si vivement, qu'il fit un pas vers elle pour mieux la voir. Elle s'en aperçut, et, comme si elle avait craint d'être reconnue, elle pressa vivement de la main la barbe flottante de son masque contre son visage. Cette main était couverte d'un gant ; mais ce gant, dont la blancheur se dessina sur le satin noir, révélait la main la plus élégante, la plus oisive, la plus distinguée. Luizzi s'écria en lui-même : « Quelle est donc cette femme qui est si belle ? » Il restait immobile à sa place pendant qu'elle passait et qu'elle repassait. Mais déjà il comprenait le ridicule de cette attention sans but, et il s'apprêtait à quitter sa place et à chercher madame de Farkley, lorsque cette femme quitta le bras de son promeneur et s'approcha vivement de Luizzi ; elle se pencha à son oreille, et lui dit tout bas :

— Vous êtes monsieur de Luizzi, n'est-ce pas ?

— Oui.

— A quatre heures, sous l'horloge du foyer, j'ai à vous parler.

Luizzi n'avait pas eu le temps de répondre, que cette femme s'était éloignée, et que Cosmes de Mareuilles lui disait d'un air railleur :

— Eh bien ! à quelle heure votre bonheur ?

— Quel bonheur ?

— Et pardieu ! celui que madame de Farkley compte vous donner.

— Quoi ! c'est là madame de Farkley ?

— Elle-même.

— Mais elle m'a paru, chez madame de Ma-rignon, d'une beauté plus que contestable, et ici...

— Ici elle est ravissante, n'est-ce pas ? Elle le sait si bien, que c'est pour cela qu'elle donne ses rendez-vous au bal de l'Opéra ; et elle vous y a pris.

— Moi !

— Allons, ne faites pas le modeste ; il paraît que les avances ont été même un peu vives. Madame de Marignon est furieuse ; mais enfin vous n'êtes plus dans son salon, et je vous conseille d'être exact avec Laura, elle n'aime pas à attendre ; et d'ailleurs elle en vaut la peine, parole d'honneur !

— Vous le savez ?

— C'est un bruit public.

Cosmes s'éloigna, et Luizzi chercha madame de Farkley des yeux. Elle descendait un des escaliers qui conduisent dans la salle ; le lustre l'éclairait de toute sa splendeur. Quelques paroles lui furent adressées en passant : elle se retourna pour répondre ; et tout ce qu'elle avait de souplesse, d'élégance, de beau mouvement, se montra à cet instant. Luizzi s'écria encore : « Mais cette femme est admirable ! » Il regarda à sa montre ; il était à peine une heure et demie, il avait deux heures et demie d'attente. Luizzi se sentit dans le cœur une impatience qui l'étonna lui-même.

— Ah ça ! se dit-il, est-ce que je me troublerais pour cette femme? est-ce que je la désirerais assez pour m'en occuper ? est-ce que je l'aimerais? une femme que tout le monde a possédée, qu'il est presque honteux d'avoir eue et de ne pas avoir eue ! c'est une folie. Cependant il me reste trop long-temps à attendre pour que je reste là comme un idiot à la suivre des yeux. Cherchons une occupation.

Madame de Farkley repassa, et lui fit un signe d'intelligence. Il la trouva merveilleusement gracieuse, et le cœur lui battit.

— Allons! reprit-il, c'est un parti pris, je suis le préféré de la soirée. Eh bien, soit. Mais je ne veux pas être plus gauche que les autres ; je veux même qu'elle me distingue dans ses souvenirs. Tous ceux qui m'ont précédé connaissent la plupart de ses aventures ; mais il doit y en avoir dont elle seule a le secret, et ce sont celles-là que je veux révéler, après lui avoir laissé croire qu'elle avait trouvé une dupe.

Aussitôt il s'écarta de la foule, tira sa petite sonnette, l'agita, et un monsieur en habit noir passa près de lui...

— Me voici, lui dit Satan, que veux-tu ?

— Je veux savoir l'histoire de cette femme qui passe là-bas.

— De celle qu'on a si ignominieusement chassée de chez madame de Marignon ?

— Oui.

— Et dans quel but veux-tu la savoir ?

— Parce que, avant de la connaître par elle-même, je veux la connaître par toi, pour apprendre jusqu'à quel point une femme peut pousser l'audace dans son dessein de tromper un homme.

— Tu as raison ; te voilà dans un monde tout nouveau, et dans lequel tu as mis à peine le pied ; il est bon que tu le connaisses, pour ne pas être exposé à des chutes fréquentes ; mais l'expérience ne serait pas complète si je ne te racontais d'abord l'histoire des deux femmes qui ont fait chasser madame de Farkley.

— Y aurait-il quelque chose à dire contre elles?

— En ma qualité de Diable, je ne me permettrai pas de juger si cela leur fait honneur ou déshonneur ; mais tu ne sauras ce qu'est véritablement madame de Farkley, qui est une femme perdue selon le monde, que lorsque tu sauras ce que valent mesdames de Fantan et du Bergh, qui sont des femmes honorables selon le monde.

— Soit, dit Luizzi.

Ils entrèrent tous deux dans une loge, et Cosmes de Mareuilles, qui passait en ce moment, dit à un jeune homme qui était avec lui :

— Pardieu! madame de Marignon voulait savoir quel était le singulier chanteur de son concert; Luizzi pourra le lui dire, car les voilà ensemble dans une même loge.

— C'est sans doute le baron qui l'avait amené?

— Il en est bien capable, il est si inconvenant!

IX.

Premier Fauteuil.

Et le Diable commença en ces termes :
— Madame du Bergh s'appelait, il y a vingt-cinq ans, mademoiselle Nathalie Firion. Elle était la fille de M. Firion, fournisseur, riche d'une fortune princière, élégant, d'un parler distingué, et qui possédait au suprême degré l'art de faire accepter son argent. C'est l'homme

que j'ai vu acheter le plus de femmes en leur laissant la liberté de croire qu'elles ne s'étaient pas vendues. Des magistrats, des généraux d'armée, des administrateurs, ont reçu de lui des millions qu'ils croyaient légitimement gagnés; et lui ont, en retour, rendu des services qu'ils disaient gratuits, parce que le mode de paiement n'avait pas été direct.

C'est qu'il ne faut pas vous imaginer, mon cher Luizzi, que la corruption de l'argent soit une chose facile. On achète un laquais, un espion de police; une fille entretenue pour une somme dont on convient et qu'on accepte de quelque manière qu'elle soit offerte; mais un député, un écrivain, une femme du monde, il y faut des façons infinies; cela demande du tact, de l'adresse, et surtout une grande volonté. Si jamais vous allez dans le monde des princesses impériales, je vous raconterai l'histoire d'une tête couronnée qui s'est vendue à un marchand de modes. C'est ce que je connais de mieux dans ce genre.

— Plus tard, dit Luizzi, mais à cette heure,

je désire surtout savoir l'histoire de madame du Bergh.

— Pour arriver plus vite à madame Farkley, soit. Comme je vous le disais, M. Firion était l'homme de France qui savait le mieux faire accepter ses marchés ; et de tous ceux qui prétendent qu'on a tout ce qu'on veut avec de l'argent, il était peut-être le seul qui eût le droit de le dire sans fatuité. Il en était résulté pour lui une étrange facilité à promettre et à donner tout ce qu'on lui demandait. Quelque chose que désirât sa fille unique Nathalie, elle n'éprouvait jamais de refus. A toutes ses demandes, M. Firion répondait : *Je te l'achèterai,* soit que ce fût une parure, une robe, un tableau, une maison, ou même un objet appartenant à une personne étrangère.

On avait souvent fait la guerre à M. Firion sur sa facilité, sans s'apercevoir que c'était une manie. A mesure qu'il s'était engagé dans cette espèce de lutte, et qu'il avait trouvé plus de difficultés à tenir ses promesses, il s'y était intéressé. Il en était résulté que cet homme, qui n'avait presque jamais trouvé d'obstacles à l'accomplissement de ses désirs, s'était fait une occupation des peines que les caprices de sa fille lui suscitaient. Il aimait à raconter comment il les avait surmontées, à dire tout ce qu'il lui avait fallu d'habileté, d'esprit, de ruses, pour parvenir à se procurer ce qu'on avait exigé de lui. Il citait comme son chef-d'œuvre d'avoir enlevé à une vieille baronne allemande un carlin dont elle faisait ses délices. Un prince illustre, ayant appris cette négociation, lui fit offrir l'ambassade de Saint-Pétersbourg : Firion refusa. Dites à son altesse, répondit-il, que je ne suis ni assez noble, ni assez pauvre, ni assez bête, pour faire un bon ambassadeur. La carrière politique de Firion n'alla pas plus loin.

Cependant, tandis qu'il s'endormait dans le ravissement que lui faisaient éprouver ses triomphes, Nathalie devenait pensive et triste. A la place de ces bizarres désirs qu'elle exprimait à tout propos, comme pour mettre en jeu l'obéissance de son père, elle ne lui répondait plus que par de longs soupirs jetés au vent, de longs regards jetés au ciel, de longs hélas jetés au hasard : Nathalie avait seize ans.

M. Firion s'alarmait et se réjouissait de cette préoccupation. Il s'en alarmait parce que sa fille s'alanguissait; on voyait dans ses yeux des traces de larmes, dans sa pâleur des traces d'insomnie. Pour la première fois il y avait un chagrin dans cette âme jusque-là si innocemment tyrannique et volontaire. Était-ce un désir de mariage? M. Firion l'espérait; il s'attendait à voir sortir de cette tristesse une exigence bien extraordinaire qu'il se faisait fête de satisfaire.

Sa fille eût-elle été éprise d'un prince, il calculait qu'il possédait assez de millions pour le lui donner. Eût-elle jeté ses vues sur un homme marié, il arrangeait un divorce qui pût rendre libre l'homme qu'elle avait choisi. Je te l'ai dit, c'était une manie qui s'était emparée de Firion; et il en était venu à ce point de donner à sa fille ce qu'elle voulait, bien plus pour sa propre satisfaction que pour celle de Nathalie. Firion attendait donc et se préparait en silence. Il connaissait assez sa fille pour supposer qu'il n'aurait à vaincre que des obstacles de position. Nathalie était belle, grande, distinguée ; elle était faite pour exciter de l'amour et des désirs, mais elle n'était pas faite pour en éprouver. Une tête d'enfant sur un corps largement développé ne laissait aucune chance ni à ces pensées dévorantes qui égarent la raison et la vertu, ni à ces accès de fièvre nerveuse qui ont le même résultat. Un égoïsme profond la défendait contre ces tendresses de cœur qui fondent les natures les plus dures, et font plier les volontés les plus absolues. Firion se croyait donc assuré de n'avoir à satisfaire que des désirs d'ambition et de vanité.

Toutes les prévisions de ce bon père furent renversées par une chose à laquelle il n'avait pas du tout pensé, par l'influence littéraire de l'époque où il vivait.

— Comment cela ? dit Luizzi.

— Tu vas voir, repartit le diable en souriant joyeusement, car il venait d'apercevoir un filou qui enlevait la montre d'un dandy, pendant que celui-ci lorgnait un masque des secondes loges ; tu vas voir.

Il toussa, puis il continua :

— Une des plus merveilleuses niaiseries de l'humanité est enfermée dans cette phrase : *Je veux être aimé pour moi-même!* Si l'on demande à ceux qui la prononcent d'un ton pénétré ce qu'ils entendent par *moi-même*, ils arrivent, pour peu qu'on les pousse, à une suite d'absurdités inouïes.

Je ne voudrais pas, disent-ils, être aimé parce que je suis riche : c'est un amour intéressé.

Je ne voudrais pas être aimé parce que je suis beau : c'est un sot amour.

Je ne voudrais pas être aimé parce que j'ai de l'esprit : c'est un amour de tête.

Oh! s'écrient-ils dans leur enthousiasme d'amour pur, je voudrais être aimé pour moi-même! Oui! fussé-je laid, bête et pauvre, je voudrais être aimé; car le seul amour véritable est celui qui ne s'adresse ni à la fortune, ni à la beauté, ni à l'esprit, mais seulement au cœur.

Les hommes étaient, surtout à cette époque,

empoisonnés de cette manie d'eux-mêmes; ce qui n'eût pas empêché que si une femme se fût avisée de préférer à l'un de ces messieurs un malotru fait comme ils auraient voulu l'être, ils eussent souverainement méprisé cette femme.

Cette manie avait produit, en outre, de sots propos de salons, où être aimé pour soi-même était la prétention à la mode; cette manie, dis-je, avait produit une foule de romances, de contes et d'opéras comiques, avec force princes et princesses déguisés en bergers et bergères. Il en était résulté une action du monde sur la littérature, et de la littérature sur le monde, qui avait fait de cette manie une rage, un délire, une fureur.

Cependant la tristesse de Nathalie augmentait de jour en jour; elle devint même si alarmante, que M. Firion s'en occupa très-sérieusement. S'il s'était fait une loi de satisfaire les moindres désirs de Nathalie dès qu'elle les avait exprimés, il y avait mis la précaution de ne jamais les deviner. Cette fois, cependant, il s'écarta de son système : un soir, dans une fête splendide où Nathalie, étincelante de beauté et de parures, était entourée des hommages les plus soumis et les plus flatteurs, elle se laissa aller à éclater subitement en larmes et en sanglots ; puis elle se précipita dans les bras de son père en lui criant :

— Emmenez-moi d'ici ; sortons, sortons ; j'étouffe, je me meurs !

Cette esclandre épouvanta M. Firion ; il craignit un amour violent excité par la jalousie : il enleva sa fille et la porta à moitié évanouie dans sa voiture. Mais à peine Nathalie fut-elle seule avec son père, qu'elle se mit à arracher violemment sa couronne de fleurs ; elle détacha ses bijoux de jeune fille, déchira sa robe de mousseline de l'Inde, parure fort rare dans ce temps de blocus continental, et les foula aux pieds en répétant :

— O malheureuse ! malheureuse que je suis !

— Mais qu'as-tu ? que veux-tu ? lui dit son père, vivement alarmé.

— Je veux ce que vous ne pourrez me donner.

— Qu'est-ce donc?

— Je veux être aimée pour moi-même! s'écria Nathalie en regardant son père d'un air triomphant.

Cette réponse abasourdit M. Firion; elle dérangeait tous ses calculs. Il est difficile d'acheter un cœur qui aime sans intérêt. On ne paie pas ce qui n'existerait plus du moment que cela se serait vendu. La diplomatie financière de M. Firion demeura sans présence d'esprit, et il tomba dans les lieux communs les plus ordinaires.

— Comment peux-tu croire qu'on ne t'aime pas pour toi-même? Tu es jeune et belle, tu as de l'esprit, de la fortune.

— Et voilà ce qui fait que je suis si malheureuse, répliqua Nathalie. Le fils du duc de..... m'accable de ses soins, mais il n'aime en moi que les millions avec lesquels il pourra redorer son blason moisi. Le colonel V.... m'adore. Je le crois désintéressé; mais il promènera sa femme avec le même sentiment d'orgueil que son uniforme de hussard; pourvu qu'elle soit plus belle que la femme du général B...., qu'il déteste, il sera satisfait. Mille autres me font une cour assidue dont je rougis pour moi et pour eux, car aucun n'éprouve ce véritable amour qui part du cœur pour s'adresser au cœur : il y a chez tous une raison honteuse ou frivole de m'aimer. Mais si j'étais une pauvre fille sans fortune, alors sans doute je rencontrerais un homme qui ne serait touché que de moi seule. Oh! que les misérables sont heureux! ils sont sûrs de l'affection qu'ils inspirent.

Nathalie continua longtemps sur ce ton, et pour la première fois Firion, désarçonné par le caprice de sa fille, ne put pas lui répondre : Je te l'achèterai.

Toutefois il espéra que ce caprice passerait comme la plupart de ceux qu'il avait satisfaits. Mais c'était une nouveauté pour Nathalie que de désirer longtemps quelque chose : elle s'entêta donc dans sa manie, et bientôt elle fut sérieusement prise d'un véritable dégoût du monde. Sa santé s'altéra, et sa vie fut un moment en danger. M. Firion, qui avait mis en elle toutes ses espérances, tout l'avenir de sa richesse, Firion, qui avait caressé pour sa fille des rêves de grande dame, oublia tout pour la sauver : et, pour la sauver, il se prêta autant que possible à sa manie de se faire aimer pour elle-même.

En conséquence, il la conduisit secrètement aux eaux de B..., et là, sous le nom de Bernard, il se logea dans une modeste maison. Ils n'avaient ni chevaux ni livrée. Une seule femme servait le père et la fille ; ils sortaient à pied, modestement vêtus ; et si quelque élégant de Paris les eût rencontrés, il eût hésité à les reconnaître ; du reste, personne ne les remarquait, et ce que Firion avait cru très-propre à guérir sa fille ne fit qu'aggraver son mal.

— Voyez, lui disait-elle ; vous avez sous les yeux la preuve de la fausseté de tous ceux qui me poursuivaient de leurs hommages. Je ne suis ni moins belle ni moins bonne que je l'étais à Paris, et personne ne me fait plus la cour, parce que je ne suis plus riche. Oh! que c'est un affreux malheur d'avoir un cœur fait pour aimer et de ne trouver personne pour le comprendre !

Firion ne savait trop que répondre, car sa fille, cette fois, avait cruellement raison. Cependant il guettait toutes les occasions de la produire, et dès qu'un homme jetait un regard sur Nathalie, il en éprouvait une vive reconnaissance; il le saluait, lui souriait, l'agaçait. A la fin, il joua ce rôle si maladroitement, qu'il fit dire sur son compte les choses les plus singulières. Cela alla si loin, qu'on les évitait comme des intrigants de bas étage. Le père et la fille en étaient venus au point de douter d'eux-mêmes; Firion n'avait plus d'esprit, Nathalie devenait gauche et laide.

Il faut que tu saches, mon cher Luizzi, que le succès est comme l'ivresse : il donne une portée réelle à certains esprits et à certaines beautés. Il y a des hommes qui ne savent que réussir et des femmes qui ne savent qu'être heureuses; la moindre résistance annule les uns, et l'abandon enlaidit les autres. Il en est de ces gens-là comme des chevaux de course : du moment qu'ils ne peuvent plus faire le tour du Champ-de-Mars en moins de trois minutes, les meilleurs coureurs deviennent des rosses.

Cependant la saison se passait, et aucun homme n'avait encore adressé la parole à Nathalie, lorsque le baron du Berg parut à B.... Le baron du Bergh était un gentilhomme du Quercy, qui, venait user aux eaux les restes d'une belle fortune et d'une pauvre santé.

Orphelin, il avait livré aux émotions du jeu et de la débauche une nature frêle et délicate. Bien jeune encore, il avait à peine vingt-cinq ans, il en était arrivé à aborder une friponnerie et une femme sans émotions ; le cœur ne lui battait plus ni de honte ni d'amour : c'était le vice dans sa perfection. C'était aussi un homme supérieur ; il le fut assez du moins pour distinguer Nathalie dès qu'il la rencontra. La connaissance n'était pas difficile à faire : il se présenta, et il fut accueilli.

Cette jeune belle fille, souffrante et pauvre, était la seule conquête qu'il pût espérer en sa qualité d'homme ruiné. Il s'attacha donc à elle avec assiduité : il l'entoura de soins, d'hommages; et bientôt Nathalie crut avoir trouvé ce qu'elle avait si longtemps espéré : elle se crut aimée pour elle-même; elle redevenait belle, joyeuse, sémillante; elle faisait peur à son père de son exaltation. Du Bergh était de toutes les promenades, de tous les projets; il était de toutes les conversations. Elle arrangeait à part son mariage avec lui : elle s'en faisait un bonheur, une gloire, un triomphe. Firion, qui connaissait la valeur morale, physique et pécuniaire de du Bergh, faisait la sourde oreille. Mais comme il n'était pas dans le secret de la sécheresse morale et physique de sa fille, il ne savait jusqu'où pouvait aller cette exaltation. Le bonhomme s'alarmait à tort.

Avec un caractère comme celui de Nathalie, être aimée pour soi-même voulait dire être aimée pour rien. Elle prétendait inspirer une passion bien absolue, bien désintéressée : elle supportait à peine que du Bergh lui dît qu'elle était belle. Toutefois, ne se sentant aucune envie de se défigurer pour éprouver la sincérité de l'amour de du Bergh, elle se donnait tous les torts possibles de caractère pour bien établir cet empire excessif que toutes les femmes prétendent plus ou moins exercer. Il est inutile de te dire que du Bergh ne se soumit pas longtemps à ce régime, et bientôt il montra, par des absences fréquentes, qu'il aimait les femmes pour quelque chose. Cet abandon causa à Nathalie une véritable rechute ; elle aimait du Bergh par vanité, et surtout comme expédient.

— Hein! fit Luizzi à ce mot du Diable, elle l'aimait comme expédient?

— Assurément. Nathalie s'était fourvoyée dans une fausse route, et, grâce à l'entêtement particulier à tous les petits esprits, elle y persévérait comme un enfant mutin ; mais elle avait été ravie de rencontrer un homme qui l'aidât à en sortir. Elle éprouva donc une rage indicible lorsque du Bergh parut s'éloigner d'elle. C'était une chute d'orgueil : rien n'est plus dangereux pour les femmes, et Nathalie en tomba sérieusement malade. Firion alla chercher un médecin.

— Pour sa fille? dit Luizzi en bâillant.

— Non, pour du Bergh.

— Pour du Bergh ?

— Oui : il alla chez une espèce de bourreau très-connu pour les soins mortels qu'il donnait à ses malades.

Firion aborda le médecin en lui racontant naïvement la vérité, en lui disant tout simplement combien il avait de millions et par quel caprice de sa fille il les dissimulait. Firion retrouva tout son esprit en cette circonstance ; car c'est chose difficile de mentir avec la vérité. Puis, sans laisser au médecin le temps de se reconnaître, il lui apprit que sa fille avait rencontré enfin l'homme qu'elle désirait, et que cet homme était le baron du Bergh.

— Du Bergh ? dit le médecin stupéfait.

— Oui, reprit Firion sans se déconcerter, et je donnerai cent mille francs à l'homme qui le guérira de la maladie mortelle dont il est atteint.

— Comment, maladie mortelle ? reprit le docteur, dont l'oreille et l'intelligence s'ouvrirent à la fois au mot cent mille francs. Comment, reprit-il, maladie mortelle ? Une légère irritation de poitrine, voilà tout. Mais, s'il veut écouter mes avis, en deux mois il sera aussi bien portant que vous et moi.

— Eh bien! dit Firion, voyez-le; guérissez-le, mais gardez-moi le secret. Je mets en vous toute ma confiance.

— Elle ne sera point trompée.

— Je l'espère.

Firion avait eu raison; la confiance qu'il avait dans le docteur ne fut point trompée. A peine l'avait-il quitté que le discret médecin s'empressa de se rendre chez du Bergh et de lui raconter ce qu'il venait d'apprendre de ce prétendu M. Bernard.

A ce moment, le Diable s'arrêta, et considérant Luizzi avec attention, il sembla tout à coup abandonner son récit, et reprit :

— Vous êtes un homme sensé, mon cher Luizzi; mais, ainsi que tous les hommes sensés, vous n'admettez comme chose possible que ce qui s'explique, le grand secret des intuitions vous est inconnu; vous rejetez dans les rêves de la littérature fantastique les merveilleuses découvertes faites par un sens qui vous manque, et qui ne peut s'appeler que l'instinct. Ainsi vous comprendrez difficilement la manière dont du Bergh reçut cette nouvelle.

— Elle devait tout au moins lui sembler invraisemblable, dit Luizzi. Un millionnaire de plusieurs millions qui se cache, cela mérite explication, et du Bergh nia sans doute...

— Pas le moins du monde, fit le Diable en interrompant Luizzi.

— Il dut s'étonner cependant qu'un homme riche et puissant comme Firion consentît à lui donner sa fille.

— Ceci n'est pas mal observé. Et puis?

— Et puis! Il supposa sans doute que la tendresse paternelle l'aveuglait assez pour la sacrifier, et....

— Mauvais! repartit le Diable, très-mauvais!

— Après tout, repartit Luizzi, je t'ai appelé pour me raconter une histoire et non pour me proposer une énigme. Qu'est-ce que fit du Bergh?

— Il devina tout de suite (je t'ai dit que l'instinct du vice était merveilleux en lui); il devina tout de suite que Firion ne cherchait à le faire guérir par le docteur en question que pour se défaire de lui plus sûrement.

— Quelle horreur! s'écria Luizzi.

— Du Bergh trouva la chose très-spirituelle, repartit le Diable, et il dressa ses batteries en conséquence. Il revint près de Nathalie, et, averti du rôle qu'il devait jouer, il finit par lui persuader aussi complétement que possible qu'il l'aimait pour elle-même. Nathalie, d'autant plus heureuse de ce triomphe qu'elle avait craint un moment de le perdre, Nathalie voulut absolument récompenser cet amour si désintéressé, si puissant, si vrai; elle déclara donc à son père que M. du Bergh était le seul homme qu'elle consentît à épouser.

Contre toute espèce de raison, Firion ne refusa point, et remit à deux mois la célébration de ce mariage. Il avait calculé que du Bergh, grâce aux soins du médecin qu'il lui avait choisi, ne pouvait aller plus loin. En effet, du Bergh devenait plus pâle et plus faible de jour en jour, et malgré tous ses efforts, il ne put cacher à Nathalie le véritable état de sa santé. La pauvre fille s'en désespéra sincèrement ; elle accusa le sort, elle inventa une foule de phrases très-ridicules contre le destin qui semblait s'acharner à la poursuivre, en lui enlevant la seule espérance qui lui restât en ce monde.

Du reste, reprit le Diable en prenant une prise de tabac, vous autres hommes, vous avez une foule de mots inouïs qui n'ont aucune espèce de sens, et dont vous usez avec une confiance admirable! Tel est le mot destin, par exemple. Eh bien! moi, je déclare que s'il existe dans l'univers quelqu'un qui puisse me dire ce que l'humanité entend par le destin, je m'engage à lui servir de domestique, n'en eût-il jamais eu, ou l'eût-il été lui-même, deux chances immanquables d'être traité comme un nègre.

Le Diable devint pensif, et Luizzi, auquel ce récit n'avait pas jusque-là inspiré un grand intérêt, lui dit d'un air assez méprisant :

— Tu n'es pas en verve ce soir, maître Satan, et je ne sais quelle instruction je pourrai jamais tirer de la sotte histoire que tu me racontes.

Le Diable attacha sur Luizzi son plus cruel regard, et reprit en ricanant :

— Crois-tu à la vertu de madame du Bergh ?

— Tu ne m'as rien dit, jusqu'à présent, qui puisse m'en faire douter.

— Crois-tu qu'une femme qui a si insolemment traité ce soir une autre femme puisse être empoisonneuse et adultère ?

— C'est impossible ! s'écria Luizzi, madame du Bergh empoisonneuse et adultère !

— Oh ! la chose ne s'est pas faite d'une façon ordinaire. C'est un secret entre elle et moi, et c'est pour cela que j'ai voulu te le conter.

— Mais il n'y a donc rien de vrai dans ce monde ?

— Il y a de vrai la vérité.

— Et qui la sait, mon Dieu ?

— Moi, s'écria le Diable, et je vais te la dire. Écoute-moi bien, et ne perds pas une parole de mon récit.

Or, Nathalie se désespérait; du Bergh se mourait, et Firion se Félicitait; mais un nouveau caprice de Nathalie vint mettre le couteau sur la gorge à son père. Nathalie se trouva un sentiment tout fait dans une phrase de roman. Voici cette phrase de roman : « Oh! si je ne puis être à lui, je veux du moins porter son nom! Son nom, je ne l'entendrai jamais prononcer sans qu'il résonne saintement à mon oreille. Toutes les fois que je m'en entendrai appeler, il me dira le cœur que j'ai perdu et le bonheur que j'aurais pu espérer. »

Il n'en fallait point tant à Nathalie pour se fabriquer une volonté contre laquelle toutes les remontrances de son père ne purent rien.

— S'il meurt sans que je l'épouse, je me tue sur sa tombe... Je veux son nom... Je le veux... Que ce soit le gage d'un amour digne de moi.

Nathalie s'était tellement exaltée dans cette idée, qu'elle s'était procuré du poison pour la mettre à exécution. Firion se consulta d'abord, et consulta ensuite un médecin assez renommé et assez habile, un autre que celui auquel il avait confié du Bergh. Celui-ci, qui avait appris chez le pharmacien du lieu les ordonnances de son confrère, n'hésita pas à dire à Firion que du Bergh était un homme mort.

Firion sortit la joie dans le cœur et les larmes dans les yeux, niaise perfidie dont il eût pu se dispenser, et il courut annoncer à Nathalie qu'il consentait à tout.

— Pardieu! s'était-il dit, une femme veuve deux jours après son mariage, une veuve vierge, ce sera assez extraordinaire pour donner à Nathalie cet attrait supérieur qui lui manque.

Le jour du mariage fut donc fixé, et du Bergh, qui avait été informé du vrai nom de Firion, mais qui était censé ignorer sa fortune, fut transporté à la chapelle dans une chaise à porteurs. Il en sortit mourant pour s'asseoir sur le fauteuil nuptial, et reçut la bénédiction du prêtre au moment même où on le croyait près d'expirer. Il eut cependant assez de force pour être ramené chez Firion, et déposé sur *cette couche d'hyménée* (style de l'époque) qui devait être une couche de mort.

Aux yeux de Nathalie, tout cela ne manquait pas d'une certaine poésie à laquelle elle se laissait aller d'assez bonne foi, pour que son père crût devoir l'enlever de la chambre où du Bergh allait bientôt expirer. Il craignait sur l'esprit de sa fille l'effet de cette mort, quoiqu'elle fût certaine et prévue. Mais dès que Nathalie s'aperçut de l'intention dans laquelle on venait de la faire sortir, elle se mit à pousser de tels cris, qu'on jugea moins dangereux de la laisser retourner près de son mari malade.

Dès que Nathalie fut libre, elle marcha gravement vers cette chambre fatale, où elle déclara vouloir entrer et veiller seule. La nuit était venue. C'était une belle scène que celle qui allait se passer. Comprends-tu cette jeune fille en présence de ce premier et saint amour prêt à remonter vers le ciel ! La vois-tu à genoux à côté de ce moribond qui l'adore et qui exhale son dernier soupir, en lui disant : Nathalie, je t'aime ! Sens-tu quel beau et déchirant spectacle que la douleur de cet homme à côté de cette jeune et belle femme qui vient se donner à lui, et qui lui adoucira les derniers moments de sa vie en lui apprenant qu'elle était riche, que s'il pouvait vivre il aurait une vie de luxe et de délices? Y a-t-il beaucoup de choses plus dramatiques que de faire lever de joyeuses espérances autour d'un mourant, à mesure qu'il perd le pouvoir de les réaliser? Par l'enfer, dont je suis le roi, c'était une belle situation que celle où Nathalie allait se trouver! Il y avait là de quoi faire un merveilleux effet à son retour à Paris; et cette scène, elle était là, derrière la porte qui la séparait de du Bergh.

Cette insatiable soif du cœur féminin, cette soif d'extraire d'une position tout ce qu'elle a d'émotions terribles et funestes, poussa Nathalie; elle ouvrit la porte et la ferma derrière elle. Du Bergh!...

— Du Bergh était mort, s'écria Luizzi.

Le Diable le regarda d'un air de pitié.

— Du Bergh, reprit-il, était dans une bergère, un verre de vin de Bordeaux à la main, un cigare à la bouche, et fredonnant l'air *Enfant chéri des dames.*

— Quelle imprudence! s'écria Nathalie à l'aspect du vin...

— Excellent, ma chère, dit du Bergh en se levant et en jetant son cigare par la fenêtre. C'est, après vous et ses millions, ce que ce cher beau-père possède de mieux.

A cet aspect de du Bergh leste et bien portant, Nathalie recula; elle resta dans un état de stupéfaction indicible, pendant que du Bergh, lui prenant insolemment la taille, lui disait :

— C'est une surprise que je te ménageais, cher ange. Allons, ne sois donc pas bégueule, mon amour. Je ne suis pas ton mari pour être traité moins bien qu'un amant. Ne fais donc pas l'enfant.

— Ah! s'écria Nathalie, c'est une trahison de mon père...

— Une trahison de votre père, chère amie! qu'entendez-vous par là? Est-ce que vous lui avez formellement demandé un mari défunt? reprit du Bergh. Est-ce que vous étiez du complot?

— De quel complot?

— Ah ! voici, reprit du Bergh en se versant un second verre de vin ; je vais tout vous dire, afin que nous sachions à quoi nous en tenir sur notre compte respectif à tous trois. D'abord, monsieur votre père, qui est un homme fort distingué, ne s'est pas décidé à donner sa fille à un homme comme moi sans une raison péremptoire. Or, qu'est-ce qu'un homme comme moi ? un libertin, un joueur, un faussaire !

— Un faussaire ! s'écria Nathalie.

— Pour une bagatelle de 2,000 guinées ; et votre père tiendra trop à l'honneur de son gendre pour ne pas étouffer cette affaire. Nous avons le temps ; la lettre de change ne se présentera chez E......au que dans un mois, et le papa Firion fera taire toutes les réclamations en la payant...

— Un faussaire ! répéta Nathalie dont la pensée avait peine à rester droite sous le choc des étranges paroles qu'elle entendait.

— Je ne pense pas que votre père fût précisément instruit de cette circonstance ; mais, en tout cas, il en savait assez sur mon compte pour ne pas vouloir vous donner à moi s'il n'avait espéré que ma mort le débarrasserait bientôt de son gendre.

— Mon père avait prévu votre mort? dit Nathalie toujours immobile.

— Il avait mieux fait, le vieux rusé! il y avait aidé.

— Mon père a voulu vous assassiner?

— Non, non, je ne dis pas cela. Il est trop du monde pour commettre de ces vilenies; mais il m'avait choisi un médecin qui devait s'en charger. J'ai encore chez moi l'assortiment complet des drogues que le drôle a voulu me faire prendre. Je crois même que le pharmacien m'a fait remettre son mémoire. J'espère que M. Firion a trop d'honneur pour refuser de l'acquitter.

— Ainsi, dit Nathalie, cette maladie, cette faiblesse, ce dépérissement..

— Bien joué! n'est-ce pas, ma Nathalie?

— Ainsi vous saviez qui j'étais?

— A peu près, mon ange.

— Que j'étais riche?

— Immensément riche, mon idole !

— Et vous avez osé !...

— Hein ! fit du Bergh, madame ma femme?

Nathalie se détourna et cacha sa tête dans ses mains. Du Berg les écarta violemment et la regarda. Elle pleurait.

— Vous pleurez parce que je ressuscite? Oh ! oh ! vous auriez donc ri si j'étais mort?

Nathalie laissait échapper des sanglots étouffés.

— Ah ça ! reprit du Bergh brutalement, expliquons-nous un peu. Est-ce ainsi que vous entendez aimer les gens pour eux-mêmes? vous qui demandez cet amour à cor et à cri, ne m'aimiez-vous qu'en qualité de cadavre? Grâce au ciel, je ne le suis pas, madame la baronne du Bergh. Allons, rejouissez-vous ; j'ai encore assez de force pour manger toute la fortune de monsieur votre père, s'il veut me la donner. Oh ! le digne scélérat ! quelle figure il va faire demain matin, quand, au lieu de me trouver râlant et prêt à rendre l'âme, il me verra amoureusement couché dans les bras de sa fille! C'est une surprise que je veux lui donner.

Et du Bergh embrassa Nathalie. Il était à moitié ivre; elle recula d'horreur et de dégoût.

Du Bergh se mit en devoir de fermer les contrevents et les rideaux en marmotant :

— Ah! vieux Firion, tu voulais me faire tuer médico-légalement, mon doux père... Nous verrons, nous verrons...

Nathalie s'élança pour sortir.

— Que nenni, ma colombe, dit du Bergh en l'arrêtant.

— Monsieur, je vais appeler.

— Pourquoi? pour dire que vous êtes désolée que votre mari adoré ne soit pas mort?... O bon père! ta fille est digne de toi!...

Ce mot passa comme une lueur infernale devant Nathalie; cependant elle frissonna en détournant la tête, comme pour ne pas la voir.

— Monsieur, dit-elle à du Bergh, il faut nous séparer.

— Plaît-il? Et pourquoi?

— Parce que nous ne pouvons vivre ensemble.

— C'est précisément le contraire que j'espère.

— Jamais...

— Il y a des lois qui assurent les femmes à leurs maris.

— Eh bien ! monsieur, partons, fuyons la France...

— Mon enfant, dit du Bergh d'un ton outrageusement paternel, tout ce qui vous arrive vous a un peu bouleversé la tête. Nous partirons demain pour Paris. Je suis bon homme au fond; et pourvu que le beau-père nous assure deux ou trois cent mille livres de rentes, un hôtel, un château, etc., je le respecterai, et ne lui parlerai même pas de ses projets à mon égard.

— Est-ce donc un parti pris ?

— Parfaitement pris. Songez donc, Nathalie, que voilà deux mois que je ne rêve pas autre chose. Allons, enfant, la nuit avance... Ma Nathalie... m'aimes-tu ?... Viens.

— Tout à l'heure, répondit Nathalie d'un air presque tendre.

— Que fais-tu là?

— Rien..., c'est une habitude que j'ai... Je renferme mes boucles d'oreilles dans ce secrétaire.

— Avec son mari, on n'a plus peur des voleurs...

— Sans doute, dit Nathalie en souriant et en présentant son front à du Bergh, tandis que sa main prenait dans le secrétaire un flacon imperceptible.

— A la bonne heure, cher cœur, dit du Bergh, voilà comme je t'aime. Et il porta la main sur le blanc fichu de Nathalie.

— Oh! lui dit-elle, regarde si personne n'est à cette porte...

— Enfant!

— Je t'en prie.

Il alla vers la porte, l'entr'ouvrit, et revint vers Nathalie; elle était près de la table, pâle et tremblante...

— Qu'as-tu?

— Je souffre, je voudrais un verre d'eau.

— Prends ce verre de vin de Bordeaux ; il te remettra.

— Le vin me fait mal, dit Nathalie ; mais comme il n'y a pas d'autre verre ici, je vais jeter ce vin, et puis après...

— Inutile, mon amour, dit du Bergh, je suis économe quand je m'en mêle, je ne gaspille rien qu'à mon profit.

Il prit le verre de vin et l'avala d'un trait.

— Et maintenant?

— Maintenant je suis à toi, dit Nathalie.

— Quoi ! s'écria Luizzi, et elle se donna alors à cet homme, et ce jeune du Bergh qui existe, c'est le fils...

— Ce jeune du Bergh, dit le Diable, c'est une autre histoire ; car il y avait trois gouttes d'acide prussique dans le flacon de Nathalie, et du Bergh n'avait pas fait un pas qu'il tomba mort.

— Mort ! reprit Luizzi... et après ?...

— Mon bon ami, dit le Diable, il est trois heures, et madame de Farkley vous attend.

— Pourtant je veux savoir...

— Ne savez-vous pas déjà quelque chose qui pourra vous guider dans votre amoureuse aventure? Je vous ai enseigné un peu ce qu'était la vertueuse madame du Bergh, allez apprendre ce que c'est que la femme dépravée qui s'appelle Laura de Farkley.

Et le Diable disparut, et laissa Luizzi seul dans sa loge...

X.

Comment les Femmes ont des Amants.

Lorsque Luizzi approcha de l'horloge où il devait retrouver Laura, il fut obligé de percer un groupe assez nombreux de jeunes élégants qui se pressaient autour de deux femmes qui les accablaient de railleries ; l'une d'elles se tourna vers lui, c'était madame de Farkley.

Laura s'empara rapidement du bras d'Armand et perça le cercle dont elle était entourée. On lui fit place avec cette courtoisie moqueuse qui respecte la femme parce qu'elle est femme, mais qui montre en même temps que le respect ne s'adresse qu'au sexe et non pas à la personne. Armand et madame de Farkley étaient à peine à quelques pas du groupe, que celle-ci lui dit d'un ton languissant :

— Vous êtes monsieur de Luizzi, n'est-ce pas?

— Oui, madame.

— Vous arrivez de Toulouse?

— Oui, madame.

— C'est vous que j'ai eu le plaisir de voir chez madame de Marignon?

— Oui, madame.

— Mais savez-vous bien, monsieur, que vous avez été précédé ici par une réputation colossale?

— Moi, madame? et à quel titre, mon Dieu? Je suis l'homme le plus obscur de France.

— Obscur, parce que vous êtes discret, monsieur; car il vous est arrivé, dit-on, des aventures qui auraient suffi pour mettre un homme à la mode, si elles n'étaient datées de Toulouse.

— En vérité, madame, je n'ai aucune envie de me rappeler le passé quand je suis près de vous.

— En vérité, monsieur, vous êtes ingrat envers le passé; car on m'a assuré qu'il est difficile de rencontrer une personne plus complétement belle que cette pauvre marquise du Val, et une femme plus charmante que la petite marchande, madame... madame... comment l'appeliez-vous?

— Je puis vous jurer que ces souvenirs n'ont rien de bien flatteur, et que, ne fussé-je pas près de vous, je voudrais encore les oublier.

— Voilà qui est mal, monsieur, et voilà en quoi les hommes manquent tout à fait de justice et de générosité. Je ne pense pas qu'une liaison doive être éternelle; qu'un homme que des intérêts graves, une grande ambition, peuvent entraîner loin d'une femme qu'il a aimée, doive lui garder une inaltérable fidélité d'amour; c'est impossible : mais du moment qu'il ne l'aime plus ou qu'il en est séparé, qu'il se fasse son ennemi ou son détracteur, voilà ce qui me semble odieux et méprisable.

— Voilà des crimes dont je ne suis pas coupable du moins, dit Luizzi, et je vous proteste que personne ne professe un plus profond respect pour les deux femmes dont vous venez de parler.

— Ah! voici une autre sorte de ridicule, repartit madame de Farkley, en se jetant doucement en arrière pour s'appuyer ensuite plus doucement sur le bras de Luizzi, et lui faire sentir cette frêle élasticité de son corps qui se pliait et se tendait à chaque pas par un mouvement d'un abandon et d'une volupté indicibles.

— Que voulez-vous dire, madame, une autre sorte de ridicule? y en a-t-il donc à respecter des femmes qui méritent de l'être?

Madame de Farkley se pencha vers Luizzi de manière à ce que ses deux bras fussent passés dans le sien, et marchant ainsi, la poitrine appuyée à son épaule, elle lui dit presque dans l'oreille :

— Vous êtes un enfant, baron.

Cette parole fut prononcée de ce ton de supériorité séduisante, qui, dans la bouche d'une femme comme madame de Farkley, semble dire à un homme comme Luizzi :

— Vous ne savez pas tout ce que vous valez, et vous perdrez mille chances de réussir, parce que vous êtes trop modeste.

Le baron crut devoir le prendre ainsi ; cependant il répondit :

— Je ne comprends pas plus que je sois un enfant, que je ne comprenais pourquoi j'étais ridicule.

— Ni ridicule, ni enfant, si vous le voulez, je vous demande pardon de l'expression : vous n'êtes pas vrai, ou plutôt vous n'êtes pas naturel.

— Il y a une chose que je suis assurément ; c'est bien gauche, car je ne comprends pas davantage.

— Eh bien ! reprit madame de Farkley en continuant ce manége de coquetterie physique pour ainsi dire, qui consiste dans une attitude de corps, dans des inflexions de voix, dans une main ravissante habilement dégantée pour relever une barbe de masque qui découvre des lèvres pleines de volupté jouant sur des dents virginales, dans ces mille petites ruses qui détaillent une femme, beauté à beauté, aux yeux d'un homme qui l'examine; eh bien! reprit-elle, je vais m'expliquer tout à fait. Vous avez de l'honneur dans le cœur, monsieur le baron, et personnellement j'aurais à vous remercier de l'intention d'une bonne façon à mon égard, si vous ne vous étiez trompé comme tout le monde sur ce qui est arrivé ce soir : c'est pour cela que j'oserais vous donner, à vous qui êtes encore un assez jeune homme, un conseil que vous ferez bien de suivre. Vous ne savez ni avouer, ni nier une femme, et cependant c'est en cela que consiste tout l'art de savoir vivre avec elles. Je vous prends pour exemple : je viens de vous parler de deux femmes; je suppose, car je ne sais rien de ce qui est, je suppose que l'une des deux seulement vous ait appartenu; eh bien ! vous m'avez répondu sur l'une et sur l'autre avec la même phrase insignifiante et banale. Si cette phrase a un sens, si elle est vraie, vous faites injure à l'une d'elles en protégeant du même mot celle qui a fait une faute et celle qui n'en a pas fait : si cette phrase est, comme je le disais, insignifiante et banale, vous faites encore injure à celle qui n'a pas été coupable en ne la défendant pas mieux que celle qui l'a été.

— Mais si aucune ne l'a été, madame, que pouvais-je répondre ?

— Oh ! reprit Laura vivement, ne changeons pas la question ; j'ai supposé qu'il y en avait une de coupable ; en ce cas, croyez-vous m'avoir bien répondu ?

— Oui, madame, car la discrétion est une vertu du monde tout au moins.

— Et c'est cette vertu avec laquelle on déshonore presque toutes les femmes. Tout se sait, tout se sait exactement dans de pareilles aventures, monsieur ; mais lorsqu'on ne peut pas douter d'une intrigue, et qu'on voit un homme la nier, les femmes lui en savent gré, et elles ont grand tort : en effet, le lendemain, si cet homme se trouve par hasard dans leurs relations habituelles, il est assez probable qu'on lui supposera une nouvelle intrigue, et comme ces femmes n'ont pas cru pour une autre les protestations de cette vertu que vous appelez discrétion, on ne croira pas davantage pour elles les mêmes protestations discrètes.

— Mais à ce compte, madame, reprit Luizzi, il faudrait donc à la première question répondre la vérité? Puis, considérant madame de Farkley d'un air impertinent, il ajouta : il y a des femmes pour qui cette théorie devrait être bien dangereuse.

— Qui sait, monsieur, répondit madame de Farkley, sans paraître émue, qui sait quelles sont les femmes qui auraient à redouter cette exacte vérité? Un amant, monsieur, c'est comme le chiffre 1 posé dans la vie d'une femme ; s'il arrive après lui un fat qui se vante de ce qu'il n'a pas obtenu, le monde pose ce zéro après le chiffre fatal, et le monde lit 10, répète 10. Soyez sûr, monsieur, que, dans l'existence d'une femme et en bonne arithmétique galante, un amant et un fat équivalent à dix amants.

Luizzi trouva que madame de Farkley plaidait sa propre cause d'une manière assez directe; comme il crut pouvoir lui répondre sans y mettre trop de détour, il reprit :

— Et sans doute, madame, vous poussez ce système numérique dans toutes ses conséquences, et vous supposez qu'un second fat équivalant à un second 0, la renommée d'une femme va de 10 à 100, à 1000 amants, ainsi de suite, selon le nombre des fats ?

— En vérité, monsieur, reprit madame de Farkley, j'en connais qui n'auraient pas eu un jour à donner à ceux qu'on leur prête, si l'on en faisait une liste exacte; mais il y a encore des femmes plus malheureuses que celles dont je viens de vous parler.

— Cela me paraît difficile, dit Luizzi.

— J'espère vous le prouver. Il y a telle femme à qui l'on prête tous les amants du monde, et qui n'en a pas eu un seul.

— Pas un seul? dit Luizzi en finassant sur le

mot et en regardant Laura d'un air plein de raillerie.

— Pas un seul ! monsieur le baron, répondit-elle, pas même vous.

Luizzi demeura assez embarrassé de cette apostrophe, et répondit assez gauchement :

— Je n'ai jamais eu cette présomption, madame.

— Et vous avez tort; car vous êtes peut-être le seul homme pour lequel on eût bien voulu laisser une fois à la calomnie le droit de n'être que la vérité.

— Et sans doute j'ai fait évanouir maladroitement toute cette bonne volonté.

— C'est ce que je ne puis vous dire ce soir, monsieur, car j'aperçois mon père, et il faut que j'aille le rejoindre.

— Ne le saurai-je jamais ? dit Luizzi.

— C'est aujourd'hui samedi; lundi c'est le dernier bal de l'Opéra, si vous voulez vous trouver ici à la même heure, peut-être aurai-je quelque chose de plus à vous apprendre, à moins que ce que j'ai à dire à mon père ne m'oblige à vous revoir plus tôt.

Madame de Farkley s'éloigna et laissa Luizzi fort embarrassé de ce qu'il venait d'entendre. Avant de rentrer chez lui il fut l'objet des plaisanteries de tous les élégants dont il était connu, et M. de Mareuilles entre autres lui dit d'un ton presque de mépris :

— Il paraît, mon cher Armand, que vous avez beaucoup de temps à perdre.

— En quoi, s'il vous plaît? dit le baron.

— Deux bals masqués pour madame de Farkley, mon cher, car nous avons entendu votre rendez-vous pour lundi, c'est beaucoup trop en vérité, et vous me paraissez le plus grand niais de la terre, si demain vous n'êtes pas chez elle à midi, pour vous excuser de ne pas y être à présent.

Luizzi réfléchit un moment; puis, voulant se tirer de la perplexité où l'avait mis la conversation étrange de cette femme, il regarda Mareuilles d'un air sérieux, et lui dit :

— Êtes-vous bien sûr, monsieur de Mareuilles,

de ne pas faire de fatuité pour mon compte, dans ce moment?

M. de Mareuilles se troubla vivement à ces mots de Luizzi ; mais le baron ne put savoir si c'était la honte d'être véridiquement accusé de mensonge, ou l'indignation d'en être faussement accusé, qui fit pâlir le fat. Tous les amis de Mareuilles crurent, à ce qu'il paraît, à ce dernier sentiment ; car ils éclatèrent tous de rire, en disant à celui-ci :

— Ah ! très-bien ! très-bien, ne va pas te fâcher, au moins ; Luizzi est superbe, parole d'honneur ; il croit à la vertu de notre belle Laura, il est capable de l'épouser en troisièmes noces ; car vous saurez, mon cher monsieur le baron de Luizzi, qu'elle est déjà veuve de deux maris.

De Mareuilles qui, dans le premier moment, avait paru prêt à répondre à Luizzi par une provocation, prit tout à coup un air bon homme, et, tendant la main au baron, il lui dit :

— Voyons, mon cher Armand, pas d'enfantillage : cette femme a encore un plus grand tort que celui d'avoir beaucoup d'amants, c'est celui de les compromettre et de les exposer d'une manière indigne. Son premier mari a été tué en duel pour elle; le second de même, et ce n'est pas sa faute si beaucoup d'entre nous ne se sont pas coupé la gorge ensemble pour une vertu sur laquelle nous avons eu du moins le bon esprit de nous expliquer, avant d'en venir à des extrémités. Du reste, madame de Farkley vous a donné un rendez-vous pour après-demain ; après-demain c'est le lundi gras ; eh bien ! si le mardi matin il vous prend encore fantaisie de vous battre pour elle, ce jour-là je serai à votre disposition, ce jour-là seulement, entendons-nous bien ; car j'aime à faire les choses en leur temps, et je vous déclare que, le mercredi des cendres, les folies du carnaval sont finies pour moi.

— Ma foi, répondit Luizzi, mécontent de lui, mécontent de tout le monde, ne sachant véritablement ce qu'il devait penser, et impatient de cette perplexité perpétuelle où il passait sa vie ; ma foi, dit-il, je ne vous réponds ni oui ni non : à mardi matin.

— A mardi matin, dirent tous ces jeunes fous en ricanant; nous irons vous demander à déjeuner, baron, et nous espérons que madame de Farkley daignera nous faire les honneurs de la table.

Tant d'assurance laissa Luizzi confondu; il reculait devant l'idée que le monde pût parler avec ce mépris d'une femme qui ne l'eût pas mérité; il rentra chez lui bien décidé encore une fois à ne s'en rapporter qu'à lui-même de l'opinion qu'il devait avoir des autres, et il s'endormit dans cette sage résolution.

Mais il était écrit quelque part que de nouveaux incidents le forceraient d'en changer malgré lui.

Le lendemain, au moment où il se levait, son valet de chambre lui remit plusieurs lettres; l'une d'elles était de madame de Marignon, et le style ainsi que le sujet en étonnèrent grandement le baron :

Voici quelle était cette lettre :

« Monsieur,

» Lorsque M. de Mareuilles vous présenta
» chez moi, il m'en demanda la permission.
» Le nom que vous portez et la considération
» qui devrait en être la suite, ne sont pas, je
» dois vous le dire, une autorité suffisante pour
» que vous ayez cru pouvoir vous dispenser
» de ce devoir. Assurément, l'artiste que vous
» avez amené sans m'en prévenir est un homme
» d'un immense talent; mais il y a des conve-
» nances au-dessus de tous les mérites, il y en
» a aussi au-dessus de tous les noms, et quoi-
» que le vôtre soit illustre, monsieur le baron,
» il ne l'est pas assez pour vous affranchir de
» celles que le monde impose à tous ceux qui
» cherchent à s'y faire respecter. Je ne m'ex-
» plique pas davantage. Pardonnez à une
» femme, qui par son âge pourrait être vo-
» tre mère, de vous donner des conseils dont
» votre jeunesse a besoin, et veuillez croire à la
» sincérité des regrets que j'éprouve de ne plus

» pouvoir vous compter au nombre des per-
» sonnes qui veulent bien honorer mon salon
» de leur présence. »

Lorsque Luizzi lut cette lettre qui lui donnait un congé si formel, il bondit dans son lit, en poussant les exclamations les plus extravagantes.

— Ah ça, se disait-il, est-ce que je deviens fou ou stupide? qu'est-ce que c'est que ce chanteur que j'ai mené chez madame de Marignon? En quoi ai-je manqué aux convenances, de façon à me faire chasser (car on me chasse), de chez elle? Est-ce d'avoir été m'asseoir à côté de madame de Farkley : cette femme est donc une fille publique, et je suis son jouet : c'est se compromettre que de la regarder, que de lui parler; ah! je veux avoir le cœur net de tout ceci.

Après cette réflexion, il chercha une plume pour répondre à madame de Marignon ; mais au moment où il commençait sa lettre, il se prit à penser que l'impertinence qu'on venait de lui faire méritait une sévère leçon :

— Ah! se dit-il, on me fait honte de m'être assis à côté de madame de Farkley, on la chasse et on me chasse ; eh bien, pardieu ! je veux apprendre à madame de Marignon que lorsqu'on fait son amie intime d'une madame du Bergh et d'une madame Fantan, on devrait être moins scrupuleuse sur le compte des gens qui se présentent chez vous.

Et se montant sur cette idée, il ajouta encore :

— Et madame de Marignon elle-même, quelle est-elle ? d'où vient-elle ? quelle est sa vie ? Il faut que je le sache à l'instant même, et que ce soit elle qui me demande en grâce de lui faire l'honneur de rentrer chez elle.

Et sur ce, Luizzi fit sonner sa sonnette, et le Diable parut aussitôt.

— Mons Satan, lui dit le baron, point de préambule, point de réflexion, point de dissertation morale, ou immorale ; tu vas me raconter tout de suite la fin de l'histoire de madame du Bergh, puis celle de madame Fantan, puis celle de madame de Marignon.

—Cela fait trois histoires à t'apprendre, trois histoires de femmes? En voilà pour trois semaines au moins, il faut que tu m'accordes un délai.

— Non, je veux, j'exige que tu commences tout de suite, et puisque le bruit de cette clochette a le don de te faire sentir plus cruellement tes éternelles tortures, je les rendrai si épouvantables que tu obéiras sans délai. Commence donc!

— Pour commencer tout de suite, c'est la moindre des choses, mais c'est finir qui est diabolique : je suis tout prêt à commencer, si tu veux me dire quand tu veux que j'aie fini : je t'ai demandé trois semaines.

— Je ne te donnerai pas trois jours, repartit Luizzi.

— Je n'en exige que deux, répondit le Diable. C'est aujourd'hui dimanche, il est midi; eh bien, mardi à pareille heure, quand tu sauras de madame de Farkley ce qu'elle est; à l'heure où tous tes amis viendront ici te demander une explication, tu pourras leur répondre :

tu pourras répondre aussi à madame de Marignon, car tu sauras tout ce que tu veux savoir.

— Soit, dit Luizzi, et puisque ce récit doit être si long, tâche de commencer tout de suite.

— Je tâcherai surtout de l'abréger, repartit le Diable, et si tu veux m'y aider ça te sera facile.

— Et comment cela?

— En ne m'interrompant point, et en me laissant conter à ma guise.

— Soit!

Luizzi était couché, le Diable se mit dans un vaste fauteuil, il tira la sonnette, et dit au valet de chambre de Luizzi :

— Le baron n'est chez lui pour personne, entendez-vous bien, pour personne.

Le valet de chambre se retira, et le Diable ayant allumé un cigare, se tourna vers Luizzi et lui dit :

XI.

SUITE DU PREMIER FAUTEUIL.

Une Affection.

— As-tu jamais lu Molière ?

— Satan, Satan, tu abuses de ma patience ; je t'ai demandé la fin des aventures de madame du Bergh.

— J'y viens, monsieur le baron, j'y viens.

— Sans doute, mais par des détours qui m'ennuieront.

— Et que tu allonges indéfiniment.

Luizzi contint son impatience, et répondit :

— Parle donc, parle comme tu l'entends !

— Eh bien ! dit le Diable, as-tu jamais lu Molière ?

— Oui, je l'ai lu, lu et relu.

— Eh bien ! puisque tu l'as lu, lu et relu, as-tu jamais remarqué que ce poëte bouffon avait la pensée la plus grave de son époque ? as-tu jamais remarqué que cet écrivain qui a parlé de tout en termes si crus, a été l'âme la plus chaste de son temps ? as-tu jamais remarqué que ce moqueur si plaisant a été le cœur le plus mélancolique de son siècle ?

— Oui, oui, oui, oui, dit Luizzi avec emportement et comme s'il eût compris une seule des questions que le Diable venait de lui faire ; oui, oui, ajouta-t-il, j'ai remarqué tout cela ; mais qu'en veux-tu conclure ?

— Rien du tout, repartit le Diable ; mais je veux te demander encore si tu as remarqué que dans cet auteur à la pensée grave, à l'âme chaste au cœur mélancolique, il y a cette phrase dans une pièce appelée *le Malade imaginaire :*

« Monsieur Purgon m'a promis de me faire faire un enfant à ma femme. »

— Oui, je connais cette phrase, répondit Luizzi ; mais je ne vois pas...

— Tu ne vois rien, repartit le Diable en l'interrompant, seulement, si jamais, comme tu en as l'intention, tu fais imprimer et publier ces souvenirs, n'oublie pas de mettre en épigraphe cette phrase à l'anecdote que je vais te raconter.

— Sur madame du Bergh? dit Luizzi.

— Sur madame du Bergh, repartit le Diable.

— Enfin ! s'écria Luizzi.

— Nous y voilà ! dit Satan.

Or, quand du Bergh fut mort, Nathalie demeura quelque temps en face de ce cadavre, et la première chose qu'elle se demanda, ce fut si elle devait faire à son père la confidence de son crime. Nathalie était une fille beaucoup trop supérieure pour garder longtemps cette incertitude ; elle savait le secret de son père, son père ne savait pas le sien, il fut décidé par elle qu'elle se tairait. Pour cela, il lui fallut un courage bien extraordinaire, celui de passer la nuit près de ce cadavre, de le déshabiller, de le mettre dans son lit, et de faire en sorte que lorsqu'on entra le lendemain dans la chambre, on pût croire qu'elle avait dormi à ses côtés.

D'après ce que je t'ai raconté cette nuit, il ne te paraîtra pas extraordinaire que la mort de du Berhg n'ait pas excité le moindre étonnement, et qu'il ait été très-judiciairement enterré, sans qu'on se soit occupé autrement de la manière dont il était mort. Firion lui-même n'en eut pas le moindre soupçon, et crut au désespoir très-réel de sa fille; cependant quelque chose l'intriguait, sur quoi il eût bien voulu être éclairé, c'était de savoir si du Bergh était mort seulement de son médecin, ou bien si une première nuit de noces, si imprudemment offerte à un moribond, n'avait pas contribué à l'achever.

Firion eut bientôt l'explication la plus formelle de son doute.

Le lendemain de la mort de du Bergh, il pénétra dans la chambre de sa fille; celle-ci en avait fait fermer les rideaux, ne voulant point laisser pénétrer jusqu'à elle une lumière qui lui était devenue insupportable depuis qu'elle avait perdu le seul être qu'elle pût aimer. Ce fut avec de pareilles phrases qu'elle reçut monsieur son père, et le père les écoutait d'un air de contrition convaincue, et répondait de même, quand Nathalie laissa tomber, au milieu de ses sanglots, cette phrase au moins extraordinaire pour une jeune fille :

— Si du moins il m'avait laissé un gage de sa tendresse! Si, après lui, je pouvais aimer dans ce monde un être qui me le rappelât!...

Le père Firion crut avoir enveloppé de toutes les précautions oratoires possibles la question qu'il voulait faire à sa fille lorsqu'il lui dit doucement :

— Pauvre enfant! n'as-tu donc pas quelques espérances de voir réaliser ce bonheur?

Nathalie ne put s'empêcher de regarder son père en face, et de lui répondre d'une voix ferme et dans laquelle il n'y avait plus ni sanglots, ni larmes, ni lamentations.

— Non, mon père, non, je n'ai point cette espérance; mais j'en ai une autre que vous comprendrez mieux que personne, parce que mieux que personne vous savez ce que c'est qu'aimer son enfant.

Firion était toujours sur ses gardes, car il ne savait jamais jusqu'où pouvaient aller les caprices de la charmante Nathalie. Le ton qu'elle venait de prendre lui causa un véritable effroi; cependant il cacha ses sentiments, et lui répondit le plus paternellement qu'il put:

— Je suis heureux de savoir qu'il te reste encore une espérance; et je suis persuadé que celle-ci est digne de toi, qu'elle est raisonnable et qu'elle ne repose pas sur des utopies de sentiment, qui seraient le bonheur si elles existaient, mais qui n'existent pas.

— Vous avez raison, mon père, reprit Nathalie, en redonnant à ses paroles et à son visage toute la sentimentalité possible, oh! vous avez raison; je sais maintenant que l'amour est un rêve impossible ; je sais que c'est une passion égoïste, cruelle, et dont les infâmes calculs du monde ont altéré la divine essence. Aussi, je vous le jure, mon père, ai-je fermé mon cœur à ce vain sentiment. Non, je ne veux plus aimer ni espérer être aimée ; mais il est une affection, plus grande, plus sainte, plus profonde que l'amour, à laquelle je veux vouer ma vie. Mon père, mon père, ajouta-t-elle avec des larmes, votre tendresse pour moi m'a éclairée sur la plus puissante des affections ; mon père, je veux être mère.

Cette déclaration fit bondir Firion sur sa chaise, plutôt pour ce qu'elle avait d'extravagant dans la manière de la dire, que dans le désir lui-même. Il se remit un peu de son trouble, et répondit à sa fille :

— Eh bien ! mon enfant, quand le temps de ton deuil sera écoulé, ou, si tu le veux absolument, après les dix mois que la loi impose aux veuves avant de leur permettre de se remarier, je te donnerai un nouvel époux ; et d'ici là je te chercherai un parti convenable.

A cette réponse, Nathalie considéra son père d'un air à la fois plein de curiosité et de réflexion, et, du ton d'un client qui demande à son avocat le sens d'un texte de loi qu'il s'imagine avoir découvert le moyen d'éluder, elle dit à Firion :

— Mais pourquoi, mon père, impose-t-on ce délai aux femmes avant de leur permettre de se remarier ?

Firion parut fort embarrassé de la question : mais il était de ces hommes qui pensent qu'une femme peut et doit savoir la vie et les obligations que lui impose la loi écrite; ainsi, après avoir entendu sa fille répondre si nettement à la question qu'il lui avait faite, il crut pouvoir répondre aussi clairement que possible à la question qu'elle venait de lui poser :

— Dans les dix mois qui suivent la mort d'un mari, il peut naître un enfant, quoique ordinairement la grossesse d'une femme ne dure pas plus de neuf mois; cet enfant appartenant au mari décédé, la prévoyance de la loi n'a pas voulu que la femme contractât de nouveaux liens avant qu'elle fût bien sûre de sa position vis-à-vis de la famille qu'elle quitte et de la famille dans laquelle elle va entrer.

Nathalie devint toute pensive, pendant que Firion continuait d'un air dégagé :

— Mais ceci tient à des considérations de fortune, de droits de succession, à des questions d'état qui seraient beaucoup trop longues à te bien expliquer.

— Je vous crois, mon père, dit Nathalie, je vous crois ; de sorte que si je devenais mère d'ici à dix mois, mon enfant serait celui de M. du Bergh.

— Sans doute, dit le père redevenu fort embarrassé.

— Légalement parlant, veux-je dire, repartit Nathalie.

Firion commençait à ne plus comprendre, ou plutôt il commençait à avoir peur de comprendre ; il chercha donc à détourner la conversation, et dit à Nathalie :

— Demain nous partons, demain nous retournons à Paris, et là tu trouveras des hommes dignes de toi, de ta fortune, des hommes qui te mettront dans une position si élevée, que les bonheurs de la vanité remplaceront ceux de l'amour, auxquels tu veux renoncer.

— Mon père, je ne porterai pas d'autre nom que celui du seul homme que j'aie aimé.

— Mais alors, dit Firion, poussé dans ses derniers retranchements, que veux-tu dire, Nathalie ?

— Mon père ! répondit l'intéressante veuve vierge, en tombant aux genoux de son père, avec des larmes et des sanglots, mon père, je vous l'ai dit, je veux être mère !

— Un inceste !! s'écria Luizzi.

— Mon cher, vous êtes stupide ! dit le Diable avec emportement, vous n'avez pas la moindre idée des ressources de la vie ; vous êtes de la littérature de notre époque d'une manière effrénée, vous faites tout de suite un drame abominable d'une chose qui me paraît très-divertissante: il n'y a pas le moindre inceste dans tout ceci.

— Eh bien ! voyons, dit Luizzi avec impatience, voyons, dis-moi le reste de cette conversation.

— Le reste de cette conversation, repartit Satan, dura juste les deux minutes que tu viens de me faire perdre par ta sotte interruption, et, comme tu sais qu'entre nous les instants sont précieux, je ne te raconterai pas la fin de cette conversation, mais je t'en dirai le résultat.

— Je t'écoute, je t'écoute, repartit le baron qui cette fois se promit bien de ne pas interrompre, quelque extravagance qu'il plût au Diable de lui raconter.

Et le Diable reprit :

— Le lendemain de ce jour, le père Firion s'en allait dans les environs de B., marchant à travers champs, abordant les paysans qu'il rencontrait et causant amicalement avec eux. Le premier était un homme de quarante-cinq ans, laid et rachitique : Firion s'éloigna immédiatement. Le second était gros, court, robuste, mais ignoblement sale et pauvre. Le troisième était un vieillard de soixante ans : Firion passa rapidement. Il allait se diriger d'un autre côté, lorsqu'il aperçut un superbe jeune homme de vingt-quatre à vingt-cinq ans, qui travaillait avec une ardeur qui annonçait une vigueur peu commune, et qui chantait d'une voix qui promettait une poitrine largement développée. Après l'avoir considéré en silence, Firion, qui venait de quitter sa fille, s'approcha de lui et lui dit :

— Comment! s'écria Luizzi, pris à la gorge par l'outrecuidance de la position; comment! il lui dit...

— Vous êtes un imbécile, reprit le Diable, et vous oubliez que Firion était un homme d'esprit. Firion dit au beau goujat :

— Mon bon ami, voulez-vous être remplaçant?

— Remplaçant de qui? dit le jeune homme.

— Remplaçant d'un de mes neveux qui est frappé par la conscription.

— Merci, merci, répondit l'autre, je me trouve exempt comme fils de veuve, et je n'ai pas envie d'aller faire, pour un autre, le métier qui m'aurait déplu pour mon propre compte; d'ailleurs vous trouverez assez de jeunes gens dans le pays disposés à faire votre affaire.

— Pardieu! dit Firion, ce sera difficile, parce que mon neveu est un très-beau garçon, et que le gouvernement veut absolument qu'on lui rende des hommes de qualité égale à ceux qu'on lui enlève.

— Ma foi, dit le goujat, en se rengorgeant et en se posant sur la hanche, ce sera difficile comme vous dites, et je crois que ça vous coûtera cher.

— Oh! dit Firion, le prix n'y fait rien; je paierais bien un garçon comme toi mille écus.

— Je crois bien, dit le paysan en prenant sa bêche, et se remettant au travail; excellente précaution pour écouter sans avoir l'air de vouloir entendre : je crois bien, dit-il; il y a une vieille veuve dans le pays qui me reconnaîtrait plus que cela en mariage, si je voulais devenir le remplaçant du défunt.

— Bon! dit Firion, je me suis trompé, ce n'est pas mille écus que je voulais dire, c'est deux mille écus.

— Votre neveu a un bon oncle, dit le paysan, en se baissant jusqu'à terre et en sifflottant un petit air qui semblait ne pas être de la circonstance.

— Trois mille écus, dit Firion.

— Ça pourrait bien aller à ce grand rouge qui est de l'autre côté du chemin.

— Quatre mille écus, dit Firion.

Le paysan se releva sur sa bêche, et dit alors d'un air dont il ne fut plus le maître :

— Qu'est-ce que ça fait quatre mille écus?

— Cela fait douze mille francs.

— Douze mille francs! c'est un beau denier. Et combien qu'on a de rentes avec douze mille francs?

— Six cents francs.

— Six cents francs! dit le paysan, en réfléchissant et en ayant l'air de calculer. Ça fait-il trois francs cinq sous de rentes par jour?

— Non, trois francs cinq sous de rentes par jour font à peu près douze cents francs de rentes par an, repartit Firion, qui n'avait pas gagné tous ses millions sans avoir une certaine habitude des calculs.

— Eh bien! dit le paysan, trois francs cinq sous de rentes par jour, douze cents livres par an, combien faut-il d'argent pour cela?

— Vingt-quatre mille francs.

— Si vous avez vingt-quatre mille francs, je suis votre homme.

— Est-ce dit?

— C'est dit.

— Alors suis-moi tout de suite chez le médecin.

— Qu'est-ce que vous voulez dire avec votre médecin?

— Mon bon ami, je ne veux pas acheter chat en poche, et comme tu seras obligé de passer à la visite du conseil de recrutement, je ne veux pas qu'on te refuse pour quelque vice de conformation que je ne connais pas.

— C'est pour cela? dit le manant; allons, allons, je suis honnête homme de cœur et de corps, entendez-vous? et je n'ai rien à cacher, rien du tout.

— J'en suis enchanté, dit Firion, allons, viens.

Et, sans autre explication, Firion emmena le manant devant le médecin le plus célèbre des eaux.

A ce moment, le Diable s'arrêta et dit à Luizzi :

— Tu ne m'interromps plus.

— C'est qu'il me semble que je comprends, dit Luizzi, et que je n'ai pas besoin de supplément d'explication.

— Eh bien! que comprends-tu?

— Mons Satan, répondit Luizzi, il y a de ces choses que le Diable peut raconter ou penser, mais qu'un homme du monde serait fort embarrassé de dire en bons termes : toutes les choses que tu me racontes sont d'ailleurs si extraordinaires...

— Extraordinaires en quoi? dit le Diable; la seule chose extraordinaire, c'est que cela ne se passe pas toujours ainsi; c'est qu'un père de famille ne prenne pas pour sa fille les précautions que l'état prend pour ses régiments. Tu me rappelles à ce propos une pièce du plus honnête homme de votre littérature, jouée il y a quelques mois [1]. Il a voulu mettre une scène pareille au théâtre; tous les bégueules du parterre ont outrageusement sifflé la scène comme immorale. J'ai dit : tous, car en fait de bégueulisme, les femmes ne passent qu'après les hommes. Eh bien! sur les trois ou quatre cents imbéciles qui ont été révoltés de ce qu'un père s'occupait de tout ce qu'était son futur gendre, il y en avait assurément cent cinquante qui ne se fussent pas tirés avec autant d'honneur que le beau goujat de Firion de la visite médicale que l'on lui fit subir.

— Tout cela, dit Luizzi, me paraît très-joli, mais le dénoûment me semble difficile à amener, surtout avec mademoiselle Nathalie.

— C'est surtout avec mademoiselle Nathalie que le dénoûment était la chose du monde la plus facile. Il n'y a rien de tel que de bien s'entendre avec soi-même sur ce qu'on veut. Je t'a

---

[1] *Le faux Bonhomme* de M. Lemercier.

déjà dit que les femmes ont le tort de ne pas être franches avec les hommes ; elles ont encore le tort de ne pas être franches avec elles-mêmes. Elles poussent la prétention de la finesse jusqu'à se vouloir tromper, et il y en a qui, après avoir fait tous les préparatifs de leur chute. finissent par se persuader qu'elles ont été surprises.

— Je suis assez de ton avis, dit le baron, mais je ne comprends pas davantage comment, en pareille circonstance, une fille comme Nathalie pouvait faire les préparatifs de sa chute.

— Mon bon ami, dit le Diable d'un air de mépris, tu n'es pas même capable de faire un opéra comique : il y a mille moyens très-simples et mille moyens très-ingénieux d'arriver à un pareil but.

— Peut-être, dit Luizzi ; mais si les obstacles ne venaient point de la pudeur de la femme, ils pouvaient naître de la retenue du paysan. Il s'agissait, ce me semble, de faire comprendre à ce malotru qu'il pouvait plaire à une femme dont le père l'achetait vingt-quatre mille francs, et qu'il pouvait consoler une veuve qui avait perdu son mari la veille. Crois-tu cela très-aisé?

— La question posée dans ces termes, reprit le Diable, eût été une question difficile à résoudre, je le conçois. Les gens de bas étage ont pour les femmes d'un certain rang un mépris et un respect également bêtes; ils croient volontiers qu'elles ont pour amants tous les hommes de leur monde qui ont le droit d'entrer chez elles, et, en conséquence, il n'est mauvais propos qu'ils ne tiennent sur leur compte; mais d'un autre côté, ils ne sauraient s'imaginer que les faiblesses de ces femmes puissent descendre jusqu'à des gens de leur espèce, et sous ce rapport, il faut qu'elles se donnent ou plutôt qu'elles s'offrent de la manière la plus formelle, pour qu'ils osent comprendre qu'elles veulent leur appartenir. Sous ce point de vue donc, la chose eût été fort difficile à conclure. Mais il se trouva, dans une petite habitation isolée, où Firion conduisit le manant en sortant de chez le médecin, il se trouva une jolie servante, vive, accorte, qui fit les honneurs de la maison au nouveau venu, et qui lui laissa voir assez adroitement que la chambre où elle demeurait n'était pas loin de celle qu'on avait destinée au remplaçant.

— Quoi! dit Luizzi, Nathalie joua un pareil rôle! cette femme se dégrada au point d'exciter par des coquetteries l'amour d'un goujat?

— Mon cher baron, reprit le Diable, vous avez la rage des sottes explications : je vous préviens que c'est un énorme ridicule que celui de saisir au passage une phrase ou un récit, pour les faire finir d'une façon toute contraire à la vérité. Il y a beaucoup de gens dans le monde qui ont cette funeste habitude. Je ne sais comment les autres s'en arrangent; mais ils me font l'effet de ces goujats qui mettent les doigts dans votre plat et qui mordent dans votre pain ou dans votre pêche, et qui enlèvent ensuite le morceau entamé, en disant : — Ah! ce n'était pas à moi, reprenez votre bien, ce qui en reste est bon, vous pouvez l'achever. Défie-toi de ce penchant, il peut être mortel. Il y a tel homme qui ne te pardonnera jamais de lui avoir ravi l'effet d'un bon mot. Du reste, s'il y a quelque chose de piquant ou plutôt d'inusité dans le fait de mademoiselle Firion, ce n'est pas, mon Dieu! d'avoir eu un amant le lendemain de la mort de son mari; l'histoire de la matrone d'Éphèse est contemporaine des livres saints, et l'humanité est faite de la même chair depuis qu'elle existe : ce qui rend l'aventure de mademoiselle Firion assez exceptionnelle, c'est qu'elle ne connaît pas, c'est qu'elle n'a jamais vu, c'est qu'elle n'a jamais voulu ni voir ni connaître celui qui devait lui donner la plus sainte et la plus forte des affections, l'amour d'une mère pour son enfant.

— Hein? fit Luizzi.

— Oui, mon cher, repartit le Diable, quand la jeune servante eut suffisamment fait comprendre au paysan que les beaux garçons étaient faits pour les belles filles, Firion trouva moyen, quand la nuit fut venue, de le faire promener pendant une heure, loin de la maison. Pendant ce temps une voiture en partit et une autre y arriva; puis, quand le paysan revint, Firion veillait seul, la petite était rentrée chez elle ; puis Firion se retira en recommandant au grand gaillard d'aller dormir dans sa chambre. Ce ne fut point dans sa chambre qu'il alla, il ne se trompa point de porte : il retrouva celle de la jolie servante, et pénétra dans la chambre au milieu d'une obscurité profonde.

— Et Nathalie était là? dit Luizzi, avec une manière d'étonnement et d'indignation très-respectable.

— Qui peut dire que c'était Nathalie? repartit le Diable, ce n'est pas le goujat assurément qui sortit avant le jour de la chambre, et qui fut envoyé le lendemain matin à vingt lieues de là par Firion.

— Si ce n'est le goujat, dit Luizzi, c'est du moins Firion.

— Il est mort.

— C'est Nathalie elle-même, n'est-ce pas?

— Il y a encore autre chose, dit le Diable : c'est l'inscription faite, neuf mois et deux jours après la mort du baron du Bergh, sur les registres de l'état civil du troisième arrondissement de la ville de Paris, constatant la naissance légale de M. Anatole-Isidore du Bergh, ce charmant petit jeune homme que les imbéciles qui ont eu l'avantage de connaître feu le baron du Bergh disent ressembler prodigieusement à monsieur son père.

— Ainsi, dit Luizzi d'un air de profond étonnement, cette femme a été...

— Cette femme, répondit le Diable, a été ce que j'avais dit, empoisonneuse et adultère, car l'adultère consiste surtout à introduire des enfants étrangers dans la famille de son mari vivant, mais il me semble encore plus original de les introduire dans la famille de son mari mort. C'est de l'adultère posthume. Quelque chose de neuf.

— Et personne au monde ne peut lui jeter ces crimes au visage et lui en faire reproche? dit Luizzi.

— Personne, si ce n'est toi; et je te laisse à juger si tu es en mesure de le faire!

— Et puis, dit Luizzi, elle n'a pas eu d'autres caprices?

— Pas d'autres !

— Mais c'est une aventure impossible !

— Un cœur froid, un esprit froid, et un corps froid suffiront à te l'expliquer. Si Nathalie fût née à une autre époque, ou bien si elle eût été sérieusement élevée, il est probable qu'elle eût fait, ou l'une de ces abbesses sèches et rigides qui ont poussé jusqu'à un despotisme barbare le respect d'une vertu que la nature leur avait rendue très-facile; ou bien une de ces vieilles filles vertueuses qui appartiennent à la classe des femmes comme les sourds et muets à l'humanité; elles n'ont pas plus l'idée de l'amour que les sourds n'ont l'idée du son. Seulement, comme ceux-ci, elles voient qu'il existe; les intelligences qu'il établit entre deux amants leur apparaissent comme les intelligences établies par la voix apparaissent aux sourds; et comme rien ne peut faire comprendre ni aux uns ni aux autres ce sens qui leur manque, ils deviennent envieux de ceux qui le possèdent. C'est ce qui fait que les vieilles filles et les sourds et muets sont presque toujours soupçonneux, médisants et impitoyables. Dans toute ta vie, baron, méfie-toi des êtres incomplets; il n'y a que ceux-là de véritablement méchants.

XII.

Petite Infamie.

Comme Luizzi allait répondre à cette nouvelle théorie du Diable, son valet de chambre entra et lui remit un billet en même temps qu'il lui annonça M. de Mareuilles. Avant que Luizzi eût pu rappeler au valet de chambre l'ordre qu'il lui avait donné de ne laisser entrer personne, le dandy parut sur le seuil de la porte de la chambre à coucher, et, montrant du bout de sa canne le billet que Luizzi n'avait pas encore ouvert, il s'écria en riant:

— Je parie que c'est de Laura?

— Je ne crois pas, dit Luizzi avec humeur, car il me semble que je connais cette écriture, et jamais je n'ai reçu de lettre de madame de Farkley.

En ramenant son regard de la porte de sa chambre à son lit, Luizzi s'aperçut que le fauteuil occupé un instant avant par le Diable était vide.

— Eh bien! où est-il? s'écria le baron dans un premier mouvement de surprise.

— Qui ça? dit Mareuilles.

— Mais, repartit Luizzi, à qui un nom propre ne venait pas suffisamment vite pour remplacer celui qu'il n'osait prononcer; mais ce monsieur qui était là tout à l'heure.

— Ah ça, vous devenez fou, repartit le dandy, je n'ai vu personne; du reste, je vous demande pardon de vous déranger si matin; mais hier, après votre départ de l'Opéra, j'ai été informé de la résolution de madame de Marignon à votre égard, et je viens pour vous en parler. Je ne veux pas vous faire de sermon, mon cher ami, parce qu'entre jeunes gens ça n'a pas le sens commun ; mais en vérité vous m'avez compromis d'une façon très-peu obligeante. Vous savez à quel titre je suis reçu chez madame de Marignon, vous savez que sa fille est un parti très-considérable, et auquel ma famille a songé depuis longtemps pour moi ; je mets toute la discrétion possible dans mes folies de jeune homme pour que tout cela ne me nuise pas ; vous avouerez donc qu'il est insupportable d'être compromis pour celles des autres.

— Ma foi, mon cher monsieur de Mareuilles, reprit Luizzi, je suis charmé que cela vous ait déplu ; car j'ai reçu de madame de Marignon un billet qu'une femme sans mari et sans fils pouvait seule écrire. Si, en votre qualité de futur gendre, il vous plaît de prendre la responsabilité de son insolence, vous me rendrez un véritable service.

— Qu'à cela ne tienne, répondit M. de Mareuilles, sans préjudice de ce que nous nous somme promis pour mardi.

— C'est trop juste, reprit Luizzi ; et comme je crois qu'il y a autant de folie à se battre pour le respect qu'on doit au monde de madame de Marignon, que pour la foi que je puis avoir en madame de Farkley, vous trouverez bon que ce soit demain un jour de carnaval.

— Vous faites de l'esprit, monsieur Luizzi, repartit M. de Mareuilles d'un ton de dédain.

— Et vous de la fatuité, repartit le baron.

— Pas, assurément, tant que vous, dit Mareuilles en riant, car vous avez celle de croire qu'une femme qui vous écrit le lendemain du jour où elle vous a vu pour la première fois n'a pas pu en faire autant à moi ou à beaucoup d'autres.

— Mais ce billet n'est pas de madame de Farkley, répondit Luizzi, qui croyait de plus en plus en reconnaître l'écriture.

— Eh bien ! dit Mareuilles, si cela n'est pas, j'aurai eu tort une fois par hasard : pourtant je suis tellement sûr du contraire, que je m'engage à lui en faire des excuses si je me suis trompé : mais, s'il est de madame de Farkley, je vous donnerai un conseil d'ami, c'est de ne pas faire de tout ceci un scandale sérieux et sanglant, de venir chez madame de Marignon lui témoigner vos regrets de tout ce qui est arrivé, et de ne pas vous exposer à vous faire montrer au doigt pour une femme qui n'en vaut pas la peine.

Luizzi ne répondit pas ; mais il brisa le cachet avec impatience et courut à la signature : c'était celle de madame de Farkley. Il est difficile d'exprimer le sentiment de dépit et de douleur qui s'empara de Luizzi à cette vue. S'il eût mieux connu les sentiments intimes du cœur d'un homme, il eût compris que cette femme ne lui était pas indifférente, par le chagrin qu'il éprouva de lui voir justifier la mauvaise opinion qu'on avait d'elle. Il lut le billet, qui était ainsi conçu :

« Monsieur,

» Je crains de ne pouvoir me rendre au ren-
» dez-vous que je vous ai donné demain soir au

» bal de l'Opéra ; si vous tenez à l'explication
» des derniers mots que je vous ai dits, je puis
» maintenant vous la donner, veuillez m'at-
» tendre ce soir chez vous, j'y serai à dix
» heures. »

Luizzi demeura confondu, et, dans l'étonnement où le plongea l'impudeur de cette femme, il passa silencieusement le billet à de Mareuilles, qui partit aussitôt d'un grand éclat de rire.

— Ceci passe toute croyance! s'écria-t-il. Mais, tenez, si vous voulez m'en croire, vous ne resterez pas chez vous, vous viendrez ce soir chez madame de Marignon. Je saurai bien lui apprendre tout doucement le sacrifice que vous lui faites : elle vous en saura bon gré, et tout vous sera pardonné.

— Vous avez raison, dit Luizzi ; quoiqu'il m'en coûte de ne pas apprendre à madame de Farkley que je ne suis point sa dupe, et quoique je regrette de ne pas lui donner la leçon qu'elle mérite.

— La meilleure et la plus cruelle, repartit

de Mareuilles, c'est de lui répondre que vous l'attendez, et de ne pas l'attendre.

Luizzi crut devoir suivre la moitié de ce conseil, en se réservant, suivant ses idées du soir, de suivre ou de ne pas suivre l'autre moitié ; c'est-à-dire qu'il commença par répondre qu'il attendrait madame de Farkley chez lui.

Le soir venu, Luizzi avait perdu son ressentiment ; il se rappelait cette femme de l'Opéra, si suave et si gracieuse ; il se faisait un reproche de sacrifier à de vaines considérations du monde quelques heures d'un plaisir qu'il supposait devoir être très-piquant.

Luizzi était un de ces êtres destinés à avoir une vie très-agitée au milieu des aventures les plus ordinaires. Ces gens-là font de la moindre décision une matière à combats intérieurs. Ils balancent aussi longtemps à passer le ruisseau de la rue, que César à franchir le Rubicon, et, parce qu'ils se sont fort intéressés à ce débat avec eux-mêmes, ils pensent avoir fait une chose très-intéressante. Ainsi le baron passa deux heures à plaider devant lui-même la cause de son plaisir contre la considération.

Quant à la réputation de madame de Farkley, il n'y pensa pas le moins du monde. Ajouter une aventure scandaleuse de plus à toutes les aventures scandaleuses de Laura ne lui semblait pas un grand crime. La seule chose qu'il regrettât d'elle, c'était l'amusement de sa défaite. Dans tous les combats qu'il eut à supporter dans ce grand jour, il n'y eut que l'égoïsme d'engagé contre la vanité.

Cependant il triompha de ses regrets, mais seulement parce qu'il imagina qu'il y avait bien plus de *fanfare à faire* à n'avoir pas eu cette femme qu'à l'avoir eue. A neuf heures trois quarts il sortit de chez lui ; et comme dix heures sonnaient, on annonça monsieur le baron Luizzi chez madame de Marignon.

Il est impossible de rendre l'effet que produisit son entrée à cette heure : tous les regards se portèrent d'abord sur la pendule, et saluèrent ensuite Luizzi de l'applaudissement le plus flatteur. Toutes les femmes l'accueillirent avec une grâce et des prévenances inouïes; madame du Bergh poussa l'admiration pour ce trait d'héroïsme jusqu'à lui présenter son fils, monsieur Anatole du Bergh. Madame de Marignon tendit la main au baron, et lui demanda presque pardon de la lettre qu'elle lui avait écrite; mademoiselle de Marignon, qui jamais n'avait adressé la parole à Luizzi, le consulta avec une familiarité charmante sur de nouveaux albums qu'on lui avait envoyés. Quant à madame de Fantan, elle engagea Luizzi à vouloir bien l'honorer de ses visites. Cette invitation calma un peu l'humeur de M. de Mareuilles, épouvanté du succès qu'il avait ménagé à son ami Luizzi; il en prit occasion pour lui dire tout bas :

— Mademoiselle de Fantan est une très-jeune personne qui est fort belle et qui sera fort riche; prenez bonne note de ceci.

L'enivrement de Luizzi fut tel, que deux heures s'écoulèrent pour lui sans qu'il sentît autre chose que la joie de son succès; jamais il ne porta plus haut la tête et la parole. Durant ces deux heures, il fut véritablement le roi de la conversation chez madame de Marignon ; il eut de la verve, de l'esprit, des mots heureux, et à minuit il quitta, superbe, triomphant et plein de bonne opinion de lui-même, ce salon, dont la veille il était sorti presque furtivement et avec un remords. C'est que la veille il avait tenté de lutter avec le monde pour une femme que le monde avait réprouvée, et que ce soir-là il venait de livrer cette femme au monde avec une honte de plus.

Ceci explique peut-être pourquoi l'homme est un méchant animal, comme dit Molière.

Les quelques minutes qui séparaient la demeure de Luizzi de celle de madame de Marignon ne suffirent pas pour dégriser le baron de son délire, et jamais il n'avait jeté ses gants, son chapeau et son manteau à son valet de chambre avec plus d'aisance et de bonne grâce que ce soir-là. Luizzi n'était pas un homme à faire de la fatuité vis-à-vis d'un valet; mais il était tellement gonflé de lui-même dans ce moment, que ce fut d'un ton tout à fait particulier et extravagant qu'il s'écria :

— Est-ce qu'il est venu quelqu'un ce soir?

— Oui, monsieur le baron, répondit le valet de chambre : une dame.

— C'est vrai, dit Luizzi, d'un air étonné, je l'avais oubliée, je ne comprends pas comment je l'ai oubliée. Et qu'est-ce qu'elle a dit?

— Elle a dit qu'elle attendrait le retour de monsieur le baron.

— Ah! fit Luizzi, dont cette nouvelle changea subitement le ton et l'assurance.

— Et combien de temps a-t-elle attendu?

— Mais, monsieur le baron, elle a attendu jusqu'à présent, dit le domestique ; elle est dans votre chambre.

— Dans ma chambre? reprit Luizzi.

— Oui, monsieur le baron ; je vais aller la prévenir que vous êtes rentré.

— C'est inutile, dit Luizzi avec humeur, c'est inutile ; laissez-moi, et vous ne viendrez que lorsque je vous sonnerai.

Aussitôt Luizzi entra dans sa chambre.

XIII.

SECOND FAUTEUIL.

Qui la voudra, l'aura.

Le sentiment qui dominait le cœur du baron, quand il ouvrit la porte, était un mélange assez incohérent de colère, de surprise et de dépit. Cette femme venait de lui gâter le succès qu'il avait obtenu chez madame de Marignon; et il était probable qu'elle n'était pas restée pour la même raison qui l'avait fait venir. Luizzi s'attendait tout au moins à une scène ; il fut bien étonné lorsqu'au lieu d'une femme irritée, comme il avait supposé que devait être madame de Farkley, il trouva une femme tout en pleurs et qui, lorsqu'il s'approcha d'elle, joignit les mains, et lui dit d'un ton désespéré :

— Oh ! monsieur ! monsieur ! il vous était réservé de me frapper de mon dernier malheur !

— Moi ! madame ? reprit Luizzi, d'un air fort dégagé, je ne sais en vérité ce que vous voulez dire, ni de quel malheur vous voulez me parler.

Madame de Farkley considéra Luizzi d'un air de stupéfaction, et lui dit plus paisiblement :

— Regardez-moi bien, monsieur, me reconnaissez-vous ?

— Je vous reconnais, madame, pour une femme fort belle que j'ai vue hier chez madame de Marignon, que j'ai retrouvée à l'Opéra, et que je n'espérais pas avoir le bonheur de recevoir chez moi ce soir.

— Alors, reprit Laura, quel a été le motif qui vous a fait asseoir près de moi chez madame de Marignon ?

Luizzi baissa les yeux modestement, et répondit avec l'humble impertinence d'un homme qui craint de se vanter d'un succès :

— Mais, madame, il ne doit pas vous sembler extraordinaire de voir... qui que ce soit chercher à vous connaître.

A cette réponse, la figure de madame de Farkley se décomposa ; une pâleur subite la couvrit, et elle répondit d'une voix altérée :

— Je vous comprends, monsieur, il ne doit pas me paraître extraordinaire que... qui que ce soit prétende devenir mon amant !

— Oh ! madame !

— C'était votre pensée, monsieur ! reprit madame de Farkley, qui contenait mal au fond de ses yeux les larmes prêtes à couler, et au fond de sa voix des sanglots prêts à éclater.

Et tout aussitôt, par un violent mouvement nerveux, il sembla que Laura se rendit maîtresse de cette émotion, et elle reprit d'une voix qui affectait une gaieté pénible :

— C'était votre pensée, monsieur ; mais je ne crois pas que vous en ayez mesuré toute l'audace ; devenir l'amant d'une femme comme moi, savez-vous que c'est bien dangereux?

— Je ne suis pas moins brave qu'un autre, répondit Luizzi avec un sourire plein d'une suprême impertinence.

— Vous croyez? reprit madame de Farkley : eh bien! moi, je vous jure, monsieur, que vous auriez peur si j'acceptais vos hommages.

— Veuillez essayer mon courage, dit Luizzi, et vous verrez ce dont il est capable.

— Eh bien! dit madame de Farkley, en se levant, je serai votre maîtresse, monsieur; mais avant cela, il faut que vous sachiez bien ce que vous soupçonnez déjà sans doute, c'est que je suis une femme perdue.

— Qui dit cela? reprit Luizzi, en essayant de calmer l'agitation de madame de Farkley.

— Moi, monsieur, qui ne m'abuse pas; moi, monsieur, qui souffre depuis longues années de toutes les calomnies dont je suis la victime; moi, monsieur, qui veux les mériter une bonne fois, qui vous ai choisi pour cela, et qui suis à **vous**... si vous osez me prendre.

Cette déclaration si brusque et si formelle prit le baron à l'improviste, et pendant quelques instants il fut très-embarrassé de sa personne; madame de Farkley se rassit et lui dit avec un triste sourire :

— Je vous disais bien, monsieur, que vous auriez peur.

— Ce n'est pas là le mot, reprit Luizzi, cherchant à se remettre; mais j'avoue qu'un bonheur si grand et si subit me confond, et que j'étais loin de m'attendre.

— Vous mentez ! monsieur, reprit madame de Farkley; seulement vous le croyiez encore moins facile, et vous comptiez sur les honneurs d'une défense dont vous voyez que je sais m'affranchir.

Luizzi était hors des gonds; il n'avait imaginé rien de pareil à tant d'impudence, ou bien il ne supposait pas que si madame de Farkley eût voulu se jouer de lui, elle l'eût fait dans sa maison et à pareille heure. Il resta un moment silencieux, et finit par lui dire :

— En vérité, madame, je ne vous comprends pas...

— Alors, dit madame de Farkley, il ne me reste plus qu'à me retirer ; seulement, reprit-elle en posant la main sur ses gants, je vous suppose assez d'honneur pour affirmer, de manière à vous faire croire, que la femme qui est entrée chez vous à dix heures du soir, et qui en est sortie à une heure du matin, ne vous a pas cédé, comme on dit qu'elle a cédé à tant d'autres.

Laura se leva comme pour sortir, et dans ce moment Luizzi comprit tout l'immense ridicule dont il allait se couvrir vis-à-vis de cette femme. Il devina aussi que l'impertinence qui avait fait son succès chez madame de Marignon passerait pour niaiserie parmi ses amis. D'ailleurs, ce qui avait été une impertinence de bon goût à dix heures du soir devenait une brutale grossièreté à minuit.

On peut ne pas accepter le rendez-vous d'une jolie femme, mais on ne l'en chasse pas quand on l'y trouve.

Il prit donc les mains de madame de Farkley,

et, la forçant à se rasseoir au moment où elle allait se lever, il lui dit avec plus de politesse qu'il n'en avait montré jusque-là.

— Je ne sais vraiment quelles folies nous disons là tous les deux : vous avez droit d'être irritée de la grossièreté de mon absence; mais est-il des fautes qui ne puissent se racheter? Une heure ou deux de mauvaises façons, ou plutôt de véritable délire, ne peuvent-elles être pardonnées en faveur d'un dévouement ou d'un amour que vous savez si bien inspirer?

Madame de Farkley reprit sa place, et d'un ton encore très-sérieux, elle répondit à Luizzi :

— Je serais curieuse de voir, monsieur, comment vous expliquerez ces mauvaises façons ou ce délire, ainsi qu'il vous plaît de les appeler.

A ce moment une idée étrange vint à Luizzi : c'était l'idée qu'il s'était promis de réaliser s'il retrouvait madame Dilois. Avoir eu madame Farkley à dix heures, quand elle s'était présentée chez lui, l'avoir eue comme tant d'autres à qui elle avait cédé ou auxquels elle s'était donnée, cela n'avait rien de bien attrayant; mais avoir cette femme après lui avoir montré qu'il n'en voulait pas ; l'amener à croire sérieusement à une passion sincère et presque folle, après l'avoir insultée du dédain le plus complet, cela parut à Luizzi quelque chose de neuf, d'original et qui méritait la peine d'être tenté, surtout vis-à-vis d'une femme aussi habile que madame de Farkley : et dès ce moment, il la désira comme s'il l'avait aimée.

Ces réflexions passèrent comme un éclair dans la tête du baron, et il reprit en se penchant doucement vers Laura :

— Non, madame, non, ce n'est pas une chose si difficile à vous expliquer que ces mauvaises façons et ce délire. Vous avez été assez franche avec moi pour que je puisse vous donner cette explication : mais si vous ne l'aviez pas été si complétement, j'avoue qu'il m'eût été impossible de me justifier.

— Je serai charmée de voir, repartit madame de Farkley, qu'une fois dans ma vie ma franchise m'aura servi à quelque chose : car elle m'aura servi, monsieur, si grâce à elle vous parvenez à me prouver que votre absence n'a pas été un outrage, et que tout ce que vous m'avez dit depuis votre retour n'était pas une nouvelle insulte.

— Je ne me servirai pas de votre franchise pour en manquer avec vous : oui, madame, mon absence était un outrage, mes paroles une insulte.

— Et vous prétendez les excuser? dit amèrement madame de Farkley.

— Je ne sais à quoi j'arriverai, dit Luizzi; en tout cas, je vous dirai la vérité, et puis vous me jugerez.

— Je vous écoute.

— Vous m'avez dit un mot bien grave, madame, et je vous demande pardon du fond du cœur de vous le répéter, vous m'avez dit : Je suis une femme perdue.

Ce mot que madame de Farkley avait prononcé dans l'amertume de sa colère, ce mot lui venant par la bouche de Luizzi, la fit pâlir; il s'en aperçut, et en fut touché ; il se rapprocha d'elle, mais elle l'arrêta d'un léger signe de la main, et lui dit d'une voix étouffée :

— Ce n'est rien, continuez.

— Eh bien ! madame, reprit Luizzi, comme un homme qui se fait violence pour parler, ce mot vous explique ma conduite.

— Oui, dit Laura tristement ; je comprends votre mépris ! et cependant il est rare qu'un homme en frappe si cruellement une femme, quelle qu'elle soit ; surtout quand cette femme ne lui a fait aucun mal.

— Oh ! ce n'est pas cela, madame, reprit Luizzi.

Et à ce moment, s'éprenant de la pensée qui le guidait au point de parler avec un accent plein d'émotion, il continua :

— Oh ! ce n'est pas cela, madame, qui m'a fait vous outrager. Ce qui m'a rendu si grossier, si indigne, si cruel, madame, c'est que j'ai senti que j'allais vous aimer.

— Vous, s'écria Laura, qui ne put contenir l'expression d'une anxiété pleine d'espérance, vous ! m'aimer ?

— Oui, madame, repartit Luizzi, s'exaltant dans l'action de sa comédie ; oui, madame, et vous devez comprendre qu'au moment où j'ai senti naître en moi cet amour, j'ai dû trembler, j'ai dû avoir peur, comme vous avez dit; car, comme vous avez dit aussi, vous êtes perdue! Et cependant vous êtes belle, madame, d'une de ces beautés puissantes qui égarent l'imagination; vous portez en vous un de ces attraits inexplicables qui font que les hommes se couchent à vos pieds comme des esclaves; vous êtes une de ces femmes pour qui il me semble qu'on doit pouvoir perdre sa vie, plus encore, son honneur et sa réputation. Voilà comme vous m'êtes entrée à la fois dans le cœur et dans la pensée, comme une femme perdue et comme une femme que je pourrais adorer jusqu'à l'oubli de tout; eh bien! madame, à l'heure où je me suis senti encore le pouvoir de le faire, j'ai reculé devant cet amour; il m'a épouvanté. La seule atteinte que j'en ai éprouvée m'a donné par avance l'idée des souffrances qu'il me ferait endurer lorsque je lui aurais donné toute ma vie à étreindre. Un pareil amour, madame, un pareil amour doit être odieusement jaloux, car je sens qu'il l'a déjà été; non pas jaloux de l'avenir et du présent, mais jaloux du passé, jaloux de ce qu'aucun pouvoir au monde, pas même celui de Dieu, ne peut empêcher d'avoir été. On tue l'amant d'une femme qui nous trompe, on peut tuer l'amant dont le souvenir nous est odieux; mais ce qu'on ne tue pas, madame, c'est une réputation perdue, c'est une vie, que je ne dirai pas coupable, mais égarée. Comprenez-vous l'horreur d'un amour absolu, et qui s'est donné tout entier, en face d'un amour que le passé vous dispute par lambeaux, et dont celui-ci, celui-là, dix, vingt, trente amants, peuvent réclamer chacun une part? Ce serait un supplice de l'enfer, madame, un supplice devant lequel j'ai préféré votre haine.

Madame de Farkley était pâle et tremblante pendant que Luizzi parlait ainsi; il s'en aperçut et reprit plus doucement.

— Je vous semble bien brutal, n'est-ce pas? et certes je l'eusse été moins si je vous avais aussi peu estimée que le font tant d'autres, si je n'avais vu en vous qu'une femme qui ne mérite qu'un amour de quelques jours ; si je n'avais été dominé par ce charme inouï qui vous entoure et qui dans ce moment m'égare au point de me faire dire des choses que vous ne devriez pas entendre.

Pendant qu'il parlait ainsi, madame de Farkley regardait Luizzi avec une joie craintive et un ravissement auquel elle semblait ne pouvoir échapper. Enfin elle fit un violent effort, et répondit au baron :

— Armand, ne me trompez-vous pas ? Armand, songez que vous tenez dans vos mains la dernière espérance d'un vie qui a été toute de malheurs ; Armand, songez que me tromper c'est m'assassiner : Armand, répondez-moi comme vous répondriez à Dieu, m'aimez-vous comme vous le dites ?

Le baron, qui venait de jouer assez passionnément sa comédie, ne fut pas fâché de savoir au juste comment Laura jouerait la sienne, et lui répondit avec une sublime exaltation :

—Oui, Laura, oui, c'est ainsi que je vous aime, c'est une passion d'insensé ! une passion de l'enfer !

— Non ! s'écria Laura, c'est le ciel qui vous l'a inspirée, Armand : cet amour c'est une expiation ; et cet amour sera un bonheur, car vous n'aurez pas à en rougir.

A cette parole Luizzi eut toutes les peines du monde à ne pas faire la grimace ; mais il se remit dans son fauteuil, s'attendant à une histoire bien romanesque, d'où madame de Farkley sortirait blanche comme une colombe ; mais, au lieu de continuer madame de Farkley s'arrêta soudainement.

— Pas ce soir, Armand, pas ce soir, dit-elle avec un doux accent, triste et heureux ; demain je vous dirai l'histoire de ma vie : un seul mot suffirait cependant à vous l'expliquer ; mais ce mot je n'ai pas le droit de le prononcer encore : à demain.

Luizzi ne la retint pas, il se contenta de répondre avec empressement :

— A demain ! dans quel endroit ?

— Pas ici, répondit Laura ; mais je vous le ferai dire : car maintenant je ne peux plus rentrer chez vous que baronne de Luizzi.

Armand eut la bonne grâce de ne pas éclater de rire à ce dernier mot, et se contint jusqu'à ce qu'il eût reconduit Laura ; mais en rentrant dans sa chambre il ne put s'empêcher de parler tout seul, en disant :

— Voici qui est par trop fort, et ma ruse a obtenu un trop beau succès. Madame de Farkley baronne de Luizzi ! Il faut que je sois un bien grand comédien, ou que cette femme me prenne pour un grand imbécile !

Luizzi en était là de son monologue, lorsqu'il vit le Diable, assis dans le fauteuil d'où il avait disparu le matin même, et achevant tranquillement son cigarre commencé.

— Ah ! te voilà ! lui dit le baron en riant ; pourquoi t'es-tu donc enfui ce matin comme si tu t'étais emporté toi-même ?

— Crois-tu que je ne sois pas assez ennuyé d'être obligé de perdre mon temps avec toi, pour consentir encore à être en tiers dans une conversation avec un M. de Mareuilles ?

— Au fait, tu as raison, dit Luizzi, j'oubliais

que c'était lui qui t'avait mis en fuite. Et que viens-tu faire ici?

— Mais, te dire l'histoire de madame de Fantan, que tu m'as demandée.

— Oh! ma foi, dit Luizzi, je n'ai aucune envie de la savoir : encore des aventures scandaleuses sans doute? je m'aperçois que la vie des femmes ne se compose pas d'autre chose; je t'avoue que je commence à en être rassasié.

— Baron, reprit le Diable, tu as fait de grandes sottises pour m'avoir forcé à parler quand je ne le voulais pas; prends garde d'en faire une plus grande encore en refusant de m'entendre quand je veux bien être confiant. Regarde, il est une heure : tu as encore une heure pour m'entendre, et une heure pour...

Mons Satan, dit Luizzi en interrompant le Diable, j'ai envie de dormir; d'ailleurs, je n'ai plus besoin d'être désobligeant vis-à-vis madame de Marignon; je me soucie fort peu de ce qu'a pu être madame de Fantan; je te prie, en conséquence, de me laisser en paix.

Satan obéit, et Luizzi se coucha l'âme satisfaite comme un négociant qui a payé ses échéances, ou comme un aumônier de régiment qui a fait faire la première communion à une douzaine de vieux soldats.

XIV.

SUITE DU SECOND FAUTEUIL.

Correspondance.

Le lundi matin, Luizzi en s'éveillant reçut la lettre suivante :

« Armand,

» Je suis heureuse d'un bonheur que vous ne pouvez imaginer, heureuse d'avoir retrouvé enfin celui à qui je puis tout dire et qui peut tout s'expliquer de ma vie ; ce bonheur m'emporte, car j'avais juré de ne pas révéler ce secret avant que celui qu'il intéresse autant que moi ne l'eût permis. Mais en sortant de chez vous, je me suis senti le cœur si plein d'une douce espérance, que je n'ai pu attendre. Je vous écris. Je vous écris une étrange confidence, car je n'y mettrai pas les noms de ceux qu'elle concerne ; mais votre cœur, vos souvenirs, vos regrets, je ne veux pas dire vos remords, les devineront. Écoutez-moi donc, Armand, écoutez-moi, vous qui m'avez dit que vous m'aimiez.

» Vous souvient-il de cette conversation presque folle que nous avons eue hier soir au bal de l'Opéra, et dans laquelle je vous disais comment une femme qui a une fois oublié ses devoirs peut passer pour les avoir mille fois oubliés ? Eh bien ! aujourd'hui je vais vous apprendre comment une femme qui n'a jamais fait une faute peut être perdue par un concours inouï de circonstances. »

— Hum, hum, fit Luizzi à cette phrase, voilà

qui me semble un assez joli tour d'adresse. Je voudrais seulement que l'histoire que je vais lire ne fût pas une cinquantième édition des œuvres de madame de Farkley, et qu'elle se fût donné la peine d'en composer une inédite, à mon intention.

Après cette observation, Luizzi se posa commodément dans son fauteuil, comme un abonné de cabinet de lecture à qui l'on a envoyé la nouvelle, le conte ou le roman à la mode.

Cette nouvelle, ce conte ou ce roman commençait ainsi :

« Vous savez que je suis la fille naturelle de M. le marquis d'Andeli ; je ne l'ai su, moi, que le jour où le malheur m'avait déjà flétrie. Vous ignorez quelle est ma mère, et moi-même je ne sais que son nom. Ma mère était d'une grande famille du Languedoc ; elle se maria fort jeune à un homme qui, forcé de suivre les armées, l'abandonna à elle-même. Elle avait une fille; mais l'amour de cet enfant ne pouvait suffire à cette âme ardente; elle rencontra le marquis d'Andeli ; le marquis d'Andeli l'aima, elle aima le marquis d'Andeli. A cette époque il occupait une position administrative très-brillante dans la ville qu'habitait ma mère. Il perdit cette position et fut forcé de se séparer d'elle six mois avant ma naissance. Ma mère accoucha dans une cabane de paysan, où elle s'était cachée. La femme qui la servait m'emporta et me confia à une autre vieille femme qui m'éleva jusqu'à l'âge de quinze ans, sans rien me révéler de ma naissance; on disait qu'elle m'avait trouvée sur le seuil de sa porte et qu'elle m'avait recueillie par charité. Je le croyais, et je ne voyais rien qui pût me faire soupçonner que ce n'était pas la vérité.

» Ainsi j'avais déjà quinze ans lorsque la première fille de ma mère se maria. Il est inutile que je vous dise comment elle apprit mon existence; mais un jour je vis arriver dans ma misérable maison une des plus belles et des plus riches personnes de notre ville. Dans un entretien où je n'appris malheureusement qu'une partie de la vérité, elle me dit que j'étais la fille d'une personne très-haut placée, qui était de sa famille, et dont elle déplorait les erreurs sans pouvoir les condamner. Je ne savais alors ce que c'était qu'une mère et le respect qu'inspire ce nom, et je croyais que l'orgueil seul de son rang empêchait cette femme de me faire connaître la mienne ; jugez quel fut mon étonnement lorsqu'elle ajouta :

» — Les égarements de votre mère n'ont pas cessé. Devenue veuve, elle a déshonoré son veuvage comme son union. Une autre enfant a été abandonnée par elle, une autre enfant va vivre dans la misère, une autre enfant va être livrée à un malheur qui ne trouvera peut-être pas une pitié pareille à celle qui vous a protégée ; il faut que vous vous chargiez de cette enfant. C'est votre sœur, donnez-lui la mère qui lui manque ; je vous fournirai à toutes deux la fortune que vous n'avez pas. J'acceptai, Armand, j'acceptai.

» La première bonne action de ma vie que j'aie pu faire me valut mon premier malheur.

» J'avais quinze ans, j'étais belle ; on ne me supposa pas à quinze ans la charité qu'avait eue pour moi une femme de soixante, et parce qu'on ne voulut pas me reconnaître un peu de vertu, on m'accusa d'un crime. J'avais dit que je serais la mère de cette enfant, on m'en fit véritablement la mère.

» Heureusement, un honnête homme qui demeurait dans la maison où j'étais logée savait mieux que personne que la vie que j'avais menée rendait cette faute impossible. Il brava tous les propos tenus sur mon compte, et m'honora de son nom. Mon père, qui avait appris enfin mon existence, le paya de ce service, autant qu'un pareil service peut se payer, en m'assurant une dot très-considérable. Je vécus ainsi pendant quelque temps, heureuse et presque considérée, ou plutôt oubliée par la calomnie.

» Un autre événement bien extraordinaire amena ou plutôt prépara mon malheur. Le père de ma jeune sœur, dont j'ignorais le nom, le père de cette enfant que j'aimais comme ma fille, malgré tout ce qu'elle m'avait apporté de chagrins, son père avait jeté autrefois le désordre dans une autre famille que celle de ma mère; et la noble étrangère qui m'avait déjà confié une orpheline m'apprit qu'un jeune homme, abandonné comme j'avais été abandonnée, comme ma sœur l'avait été, languissait presque dans la misère.

» Moi, qui savais ce qu'il y a d'horreur dans cette vie isolée, qui ne s'appuie à aucune affection, je voulus venir aussi à son secours ; je lui ouvris la maison de mon mari, je lui fis une position honorable, je lui donnai une famille. Cette seconde bonne action fut la cause de mon second malheur. Un homme qui eût dû me remercier de ce que j'avais fait, un homme qui eût dû me dire : — Merci pour moi de ce que vous avez fait pour cet infortuné ! cet homme jeta inconsidérément des propos trop cruels sur le murmure public, qui déjà me reprochait mon protégé. Une affreuse plaisanterie lui échappa ; et l'orphelin que j'avais sauvé me fut donné pour amant. Mon mari l'apprit ; son honneur outragé, sa colère ne demanda aucune explication, il provoqua ce jeune homme et le tua ; quelques jours après il était détrompé, et demandait compte au calomniateur de l'honneur de sa femme et du sang qu'il avait versé. »

A ce passage de la lettre de madame de Farkley, Luizzi demeura confondu ; cela ressemblait si singulièrement à ce qui s'était passé à Toulouse, qu'il sentit un effroi soudain s'emparer de lui. Mais en rapprochant les dates, en se rappelant qu'il n'y avait pas deux mois qu'il avait très-imprudemment joué l'honneur de madame Dilois, il se rassura. Puis, comme les méchantes actions ont un art infini pour se trouver des excuses, et un art infini pour condamner celles des autres, il se dit à part soi :

— Madame de Farkley aura su l'aventure qui m'est arrivée à Toulouse, et la voilà qui se l'attribue et qui l'encadre dans sa vie passée pour mieux me la faire croire : mais la ruse est trop grossière, et je ne m'y laisserai point prendre.

Délivré de ce petit mouvement d'anxiété, Luizzi reprit la lettre et lut ce qui suit :

« Cependant, avant ce fatal duel et dans un premier mouvement d'épouvante, je m'étais retirée vers celle qui m'avait fait connaître ma naissance et le nom de mon père; dans un premier mouvement de désespoir j'étais allée lui reprocher de m'avoir mené cette enfant qui m'avait valu toutes mes douleurs, mais je n'eus rien à lui répondre que des larmes, lorsqu'elle me dit :

» — Cette enfant, c'est votre sœur ! cette enfant, c'est... notre sœur !

» — Notre sœur ! lui dis-je.

» — Oui, reprit-elle, nous sommes toutes trois les enfants d'une mère bien coupable. »

» Sainte et noble martyre, misérable sœur qui n'es plus, ai-je à me plaindre de ce que j'ai souffert, moi, à qui tu dis alors le secret de ta vie ? »

» Mais à ce moment je l'ignorais, et je m'écriai :

» — Et qu'est-elle devenue, celle qui nous a ainsi livrées au malheur ?

» — Elle a quitté la France. Je n'ai pas voulu savoir ce qu'elle est devenue. J'ignore sous quel nom elle a caché sa vie, et que Dieu nous garde de l'apprendre jamais ! Mais, reprit-elle, ce que tu ne sais pas, ce qu'il y a de plus affreux encore, c'est que l'homme qui veut te perdre est le frère de cet orphelin que tu as sauvé...

« Je ne rentrai chez moi que pour savoir qu'il était mort. C'est alors qu'imprudente, j'écrivis à ma sœur cette fatale lettre que l'on rendit publique. Je m'étais enfuie de la maison de mon mari, et j'appris qu'il avait trouvé la mort dans son second duel, en apprenant qu'il savait que j'étais innocente.

» Vous me comprenez maintenant, Armand, vous comprenez cette lettre que je vous ai écrite et que vous n'avez pas reçue, sans doute, puisque vous n'y avez jamais répondu... car maintenant cette histoire n'a plus pour vous de mystère, n'est-ce pas ? vous devinez tout. Je ne vous rappellerai pas les confidences de ma pauvre sœur; hélas! elle m'avoua tout, l'infortunée ! Je ne vous en dirai pas davantage : de trop douloureux souvenirs se mêleraient à mon récit ; et aujourd'hui, Armand, je ne veux pas m'abandonner à d'inutiles récriminations. »

Luizzi se frotta les yeux; il n'était pas bien sûr qu'il fût éveillé. Il sentait comme une espèce de déraison qui s'emparait de lui; il était dans l'état d'un homme qui rêve et qui poursuit des ombres qui lui échappent sans cesse; il se leva, se promena dans sa chambre, cherchant une explication à ce qu'il venait de lire, et obligé de croire ou à sa folie ou à la folie de la femme qui lui avait écrit. Enfin, pour s'arracher à cet horrible état où sa tête se perdait, il reprit la lecture de cette lettre; elle continuait ainsi :

« Je passe à une autre époque de ma vie. Mon père, informé de tous mes malheurs, m'appela près de lui; il m'emmena en Italie et me fit épouser M. de Farkley; il me fit changer jusqu'à mon nom de baptême, pour que rien ne rappelât au monde ce que j'avais été, et les calomnies dont j'avais été l'objet. Mais à Milan, un homme de notre pays, qui s'appelait Ganguernet, me reconnut : deux jours après on savait, non pas l'histoire vraie de ma vie, mais l'histoire que les apparences en avaient faite. On m'insulta; on me chassa du monde. Mon mari voulut me défendre, il y périt aussi. Comprenez-vous maintenant qu'une femme dont on peut dire qu'un amant et deux maris ont péri en duel pour sa mauvaise conduite, ait pu passer pour une femme perdue et être traitée comme telle? Je m'arrête! Ce soir, ce soir, vous viendrez me voir, n'est-ce pas? mon père sera là. J'obtiendrai votre pardon, et peut-être consentira-t-il à vous apprendre ce qu'est devenue ma mère. Il m'a dit qu'elle existait et qu'il saurait bien la forcer à protéger désormais la fille qu'elle a perdue...

» Aimez-moi, Luizzi, aimez-moi; il y a bien des larmes entre nous, et malgré la promesse de mon père, vous êtes encore ma seule espérance.

» LAURA. »

La tête de Luizzi s'égarait de plus en plus; il sentait ses idées errer dans son cerveau comme une foule prise de vertige; il ne pouvait ni les calmer ni les réunir, et, dans un mouvement de désespoir, il s'écria:

— Oh! attendre jusque-là, c'est impossible; j'en deviendrais fou!

Aussitôt, et avec un mouvement de rage convulsive, il agita l'infernale sonnette. Le Diable ne parut pas, mais la sonnette de l'appartement de Luizzi sembla lui répondre comme un écho sinistre. Ce bruit le glaça, et il était resté immobile à sa place quand madame de Farkley entra dans sa chambre.

— Laura, Laura! s'écria-t-il, au nom du ciel, expliquez-moi cette lettre, je sens ma raison qui s'en va... Laura, Laura, qui êtes-vous? et quel nom avez-vous donc porté d'abord?

— Vous me le demandez? répondit madame de Farkley d'un ton de moquerie élégante; ah! c'est pousser trop loin l'oubli de ses torts.

— Laura, par grâce, qui êtes-vous? comment vous appeliez-vous, quand cet enfant vous a été remis?

— Je me nommais Sophie. Les enfants de l'adultère n'ont pas deux noms.

— Mais quand vous avez été mariée?

— Je m'appelais Sophie Dilois.

— Vous ? Mais il y a deux mois à peine...
s'écria-t-il. Puis il reprit : Ah ! c'est impossible...
c'est...

La porte de la chambre de Luizzi s'ouvrit, et
son valet de chambre lui remit une lettre. Par
un mouvement plus fort que lui, il l'ouvrit, et
voici ce qu'il lut :

Vous êtes prié d'assister aux convoi, service
et enterrement de madame de Farkley, qui au-
ront lieu lundi matin, ... février 182...

Luizzi laissa échapper cette lettre, et se retourna froid et anéanti vers cette femme qui
était là à côté de lui. Il lui sembla qu'elle se
fondait dans l'air comme une légère vapeur, et
il rencontra sous son regard le visage de Satan
armé de ce sourire de feu qui lui avait déjà fait
tant de mal. Luizzi dans sa fureur voulut s'é-
lancer vers lui, une force surhumaine le tint
cloué à sa place.

— M'expliqueras-tu cet horrible mystère,

Satan? s'écria Armand, suffoquant de rage et de désespoir.

— L'explication est bien facile, car c'est une affaire de dates et de chiffres, dit le Diable en ricanant. En 1795, et à l'âge de seize ans, madame de Cremancé eut une fille légitime, qui s'appelait Lucy. En 1800, elle eut une fille adultérine, qui s'appelait Sophie. En 1815, devenue veuve, elle eut une fille naturelle, celle que tu as vue chez Sophie, et à qui tu peux donner toi-même un nom, car elle est la fille de ton père, le noble baron de Luizzi.

— Cette enfant était ma sœur!

— Et Charles était ton frère, autre enfant adultérin abandonné par ton père, le vertueux baron de Luizzi.

— Mais moi, j'ai rencontré tous ces êtres vivants il y a deux mois à peine; moi j'ai vu Sophie il y a deux mois; et je la retrouve aujourd'hui remariée et méconnaissable. Oh! c'est impossible, te dis-je, tu me trompes!

— Mon maître, je ne te trompe pas aujourd'hui; mais je t'ai trompé.

— Toi !

— Tu te souviens du premier jour où nous nous sommes vus, et où tu te disais si bon ménager de ta vie : pauvre fou qui me l'as livrée une fois !

— Tu en a pris six semaines, m'as-tu dit.

— J'en ai pris sept ans.

— Sept ans !

— Il y a sept ans que Lucy est morte, sept ans que Dilois est mort, sept ans que Charles, ton frère, est mort; il y a sept ans que tu les as assassinés tous les trois avec une plaisanterie.

— Et Laura, Laura? s'écria Luizzi, dont la tête suffisait à peine à comprendre coup sur coup ces horribles événements.

— Laura, repartit le Diable, il n'y a que douze heures qu'elle est morte, assez martyre dans cette vie pour que Dieu même ne puisse pas la poursuivre au-delà du tombeau. L'outrage que tu lui as fait hier a porté le dernier coup à ce courage fatigué ; elle venait ici te raconter cette vie que tu n'aurais pas comprise ; elle a su pourquoi tu n'étais pas chez toi, et chez qui tu étais allé la sacrifier. Il y a douze heures que tu l'as tuée.

— Mais, hier soir, cette femme que j'ai vue là...

— C'était moi, reprit le Diable en riant ; une sorte de pitié m'avait pris pour cette femme, et je suis venu jouer la scène qui aurait eu lieu si elle t'eût attendu. Je m'en suis assez bien tiré, ce me semble.

— Et cette lettre ?

— C'est un autographe de ma main ; tu pourras en mettre un fac-simile dans tes mémoires.

— Misérable ! misérable que je suis ! s'écria Luizzi, que de crimes, que de crimes ! et je ne puis les réparer !

— Tu le peux, repartit le Diable en caressant Luizzi de la flamme de ses regards comme une coquette qui veut persuader un niais, tu le peux, car il te reste encore deux devoirs d'honnête homme à remplir : le premier, de veiller sur l'enfant de ton père, que la malheureuse Sophie a placée dans un couvent ; juge de ce que le monde peut lui réserver de souffrance, par ce qu'ont souffert ses deux sœurs ; le second de venger Sophie de l'injure que lui ont faite les amies de madame de Marignon, injure qui a été la cause de tout ce qui arrive ; mais l'oseras-tu, mon maître ?

— Oh ! donne-moi ce pouvoir ! s'écria Luizzi parmi des sanglots et des cris de rage, et je réparerai le mal par le mal ; car je vois enfin que le bien m'est défendu ; dis-moi ce que sont ces femmes qui ont si cruellement insulté la malheureuse que j'ai tuée.

— Je t'ai dit l'histoire de l'une d'elles.

— Mais l'autre, l'autre ?

— L'autre ? dit le Diable en se dandinant, celle dont je voulais te conter l'histoire à une heure de la nuit quand Laura vivait encore, et que je croyais t'avoir intéressé à son sort ?

— Celle-là ! s'écria le baron.

— Celle-là, repartit le Diable, dont l'histoire t'eût fait courir chez Laura pour lui demander grâce, te vouer à la défendre, et la sauver peut-être de son désespoir, si tu avais voulu m'écouter?

— Oui! oui! répondit le baron éperdu; parle... parle...

XV.

Troisième Fauteuil.

Le Diable se posa comme s'il allait commencer un long récit, puis il répondit d'un ton dégagé :

— Madame de Fantan s'appelait, en 1815, madame de Cremancé.

—Sa mère! sa mère! Horreur! dit Armand,

saisi d'un tremblement convulsif à l'idée de tant de perversité.

Le Diable se prit à rire, et Luizzi, brisé et anéanti, sentit sa tête s'égarer, son cœur faillir, et il tomba évanoui.

FIN DU DEUXIÈME VOLUME.

TABLE.

I. Nouveau marché.	1
II. La voiture publique. — Retour à la vie.	19
III. Portraits. — Le farceur. L'ex-notaire.	53
IV. Commencement d'explication.	111
V. Cosi fan tutte.	135
VI. Suite.	146
VII.	157
VIII. Les trois Fauteuils.	175
IX. Premier Fauteuil.	207

X.	Comment les femmes ont des amants.	245
XI.	Suite du premier Fauteuil. — Une Affection.	263
XII.	Petite infamie.	289
XIII.	Second Fauteuil. — Qui la voudra l'aura.	301
XIV.	Suite du second Fauteuil. — Correspondance.	319
XV.	Troisième Fauteuil.	359

PROCHAINES PUBLICATIONS.

ANGÉLICA KAUFFMANN, par M. Léon de Wailly; 2 vol. in-8°. . . . . 15 »

SOUVENIRS INTIMES DU TEMPS DE L'EMPIRE, par M. Émile Marco de Saint-Hilaire, auteur des Mémoires d'un Page de la cour impériale, etc.; 2 vol. in-8°. 15 »

MÉMOIRES D'UN TOURISTE, par l'auteur de Rouge et Noir, 2 vol. in-8°. . . . . 15 »

JEAN DE PADILLA, par Narcisse Fournier, l'un des auteurs de Struensée; 2 vol. in-8°. . . . . 15 »

L'AMOUR DU BAL, par Michel Masson; 2 vol. in-8°. . 15 »

UN ROMAN INÉDIT de M. Jules Janin; 2 vol. in-8°. 15 »

LE GANTIER D'ORLÉANS (1560), par J.-B.-P. Lafitte; 2 vol. in-8°. . . . . 15 »

SAINT JEAN LE MATELOT, par Maurice St-Aguet; 2 vol. in-8°. . . . . 15 «

UN ROMAN INÉDIT de M. le vicomte d'Arlincourt; 2 vol. in-8°. . . . . 15 »

LE COMTE DE FOIX, par Frédéric Soulié; 2 vol. in-8°. 15 »

MÉMOIRES DE MON DOMESTIQUE, par Pierre Ladgé; 2 vol. in-8°. . . . . 15 »

LE MARIAGE MYSTIQUE, par Athanase de Monplaisir, 1 vol. in-8°. 7 50

UN ROMAN INÉDIT de M. Mortonval; 2 vol. in-8°. 15 »

LA DÉESSE, par X. B. Saintine; 2 vol. in-8°. . . . . . 15 »

JOSÉPHINE (Histoire contemporaine), par le même; 2 vol. in-8°. . . . . 15 »

OR ET FER, par Félix Pyat; 2 vol. in-8°. . . . . . . 15 »

UNE PENSÉE SECRÈTE, par Auguste Arnould, l'un des auteurs de Struensée; 2 vol. in-8°. . . . . 15 »

Imprimerie d'Adolphe Éverat et Cⁿ,
rue du Cadran, 16.

www.ingramcontent.com/pod-product-compliance
Lightning Source LLC
Chambersburg PA
CBHW050757170426
43202CB00013B/2456